NICE ET LA FRANCE

Nice. — Typ. V.—Eugène GAUTHIER et Comp. descente de la Caserne, 1.

NICE

ET

LA FRANCE

HISTOIRE DE DIX ANS

1860-1870

ÉTUDE SUR LES SÉPARATISTES ET LA QUESTION NIÇOISE

DEUXIÈME ÉDITION

AUGMENTÉE DE DEUX CHAPITRES ET DE NOMBREUSES NOTES
ET PIÈCES JUSTIFICATIVES

> C'est icy un livre de bonne foy.
> MONTAIGNE.

NICE
CHEZ LES LIBRAIRES ET DANS TOUS LES KIOSQUES

1871

Tous droits réservés.

PRÉFACE

Ce livre est une œuvre collective. L'idée en est venue à plusieurs à la fois.

Un groupe de citoyens s'est réuni dans une pensée commune. Chacun a voulu apporter sa pierre à l'édifice ; chacun a recueilli ses souvenirs et le fruit de ses études. Les archives de la contrée, les documents historiques, les données de la statistique, les actes de la diplomatie, les traditions politiques des gouvernements, tout a été mis au service de l'écrivain à qui a été confiée l'honorable tâche de coordonner et de développer les preuves et les arguments.

Ayant été désigné au choix de mes concitoyens par le rang que j'occupe dans la presse locale, j'ai accepté cette délicate mission. Je me sentais la force de la remplir en conscience. Aujourd'hui que ce travail est soumis au jugement de tous, je crois que l'on appréciera équitablement et l'intention de ceux qui l'ont conçu et la loyauté de celui qui l'a exécuté.

Mais si le concours de plusieurs était utile pour préparer les matériaux de cette étude, il n'est pas besoin de joindre leur nom au mien au moment où notre pensée commune comparait à la barre de l'opinion publique.

Aux uns donc le mérite de l'intention patriotique qui nous a guidés tous, et pour moi seul le péril de signer l'œuvre.

Je le dis en toute franchise, je ne redoute nullement les appréciations, même de ceux qui ne partageraient pas mon opinion. Après l'avoir exposée sans arrière-pensée, comme il convient à une conviction profonde, je ne doute pas qu'on ne reconnaisse notre sincérité et notre modération.

Animé des sentiments qu'inspirent la vérité et le désir de la concorde, il n'est pas possible qu'on se trompe sur mes intentions non plus que sur le but que poursuivent mes collaborateurs; et si, cédant à leurs instances, j'inscris mon nom sur cet ouvrage, ce n'est pas pour l'appât d'une publicité qui flatte ma vanité, mais c'est afin qu'on ne fasse pas à notre œuvre ce reproche que nous avons adressé à un *Mémorandum* célèbre, d'être *un écrit anonyme*. Mon nom n'ajoute rien à l'ouvrage, il est vrai; mais il lui imprime ce caractère de franchise qui seul attire l'estime sur des travaux de ce genre.

Je porte donc le drapeau; mais qu'on n'oublie pas qu'autour de moi se groupe une phalange nombreuse et résolue qui, s'il en était besoin, se lèverait comme un seul homme pour la défense d'une cause aussi juste.

La première édition de Nice et la France a paru dans la *Situation*, journal qui avait été créé exclusivement pour cette publication et dont le prix modique a puissamment aidé à sa vulgarisation. Cette première édition s'étant rapidement épuisée, j'ai été sollicité, de toutes parts, d'en publier une nouvelle.

Déférant à ce vœu, j'ai donc préparé, sous le nouveau titre : Nice et la France. *Etude sur les Séparatistes*, cette seconde édition, augmentée de deux chapitres inédits et de nombreuses notes et pièces justificatives qui n'avaient pû trouver place dans l'édition primitive.

Cette publication coïncide avec la présentation à l'Assemblée nationale d'un projet de loi contre les tendances séparatistes. Je crois fermement que notre livre est de nature à jeter la lumière sur les débats qui vont s'ouvrir à la Chambre. Les membres du gouvernement, passés et présents, n'ont jamais été mis à même de percevoir nettement et complétement la vérité sur cette question. Sous l'Empire comme sous la République, nos législateurs ont ignoré, parce qu'on les leur a caché, l'état des esprits et les tendances exactes de l'opinion. Tantôt ils ont cru à une agitation sérieuse et ils en ont conçu des inquiétudes que rien ne justifiait ; tantôt ils n'ont pas voulu attacher d'importance à des symptômes graves et ils ont laissé s'endormir l'autorité dans une quiétude fatale.

Notre livre les éclairera, s'ils veulent

bien le lire. Nous destinons principalement cette édition aux hommes d'Etat, aux personnages politiques, aux diplomates de France et de l'étranger. Si jamais, comme le souhaitent imprudemment nos adversaires, la question des Séparatistes sortait de nos débats législatifs pour être portée devant un Congrès européen, il n'est pas indifférent que les esprits soient préparés à l'avance à cette solennelle discussion, afin qu'il ne puisse planer la moindre équivoque sur la solution qui sortirait de ce Conseil de nations.

Déjà les gouvernants de France et d'Italie ont fixé leur attention sur ce problème; depuis dix ans qu'ils l'étudient, leur opinion n'a pas varié, quels que fussent, d'ailleurs, les changements survenus dans les personnes. Les hommes éminents à qui nous avons eu l'honneur d'adresser notre première édition, nous ont envoyé, en retour, de nombreux témoignages de sympathie, que nous avons vu venir avec joie des deux côtés des Alpes.

De Florence, un des nos amis, en mesure, plus qu'aucun autre, de connaître les sentiments des hommes politiques qui ont gouverné, gouvernent et gouverneront l'Italie, nous écrivait, le 2 août 1871 :

« Vous avez eu, une rude secousse à Nice, et vous avez rempli avec énergie et talent la tâche que les circonstances vous imposaient.

« J'ai fait lire à nos amis votre excellent travail sur la *Question Niçoise*. Tous vous approuvent et vous remercient. Vous savez que vos opinions sont partagées par l'*unanimité des hommes d'Etat* de ce côté des Alpes.

« La revendication de Nice est regardée comme une chimère dangereuse et dans ce moment toute tentative de séparation est un véritable crime politique.

« Au milieu du désarroi où nous sommes, votre œuvre a produit quelque effet, malgré l'inattention générale, l'absorption de tous les intérêts par le transfert de la Capitale et la transformation radicale qui s'opère dans les partis.

« On s'en souviendra, à chaque fois que l'agitation essayera de renaître, et dans mon petit coin, je ne négligerai aucune occasion pour qu'on vous rende la justice qui vous est due. Les publicistes qui, sur la brèche, agissent, comme vous, de la plume et de l'épée sont rares. »

Nice et la France a passé aussi sous les yeux de M. Thiers et des membres de son Conseil des ministres. Notre opinion a donc été l'objet de leur examen. Nous leur avions demandé de nous aider à la propager, par la plus large publicité. Dans les circonstances actuelles la chose était difficile ; cependant M. le ministre de l'Intérieur ne la croyait pas impossible, car la lettre qu'il m'adressait personnellement, le 17 juillet dernier, sans contenir des promesses formelles, entretient sur ce point mon espoir.

« Monsieur, me dit le Ministre, j'ai pris connaissance de votre dépêche du 9 juillet et des articles que vous avez publiés dans le journal la *Situation*, sur la question Niçoise.

« J'apprécie les sentiments patriotiques qui vous ont fait entreprendre une tâche aussi délicate et je suis heureux de vous féliciter de l'habileté avec laquelle vous l'avez accomplie.

« Quels que soient l'utilité et le mérite de votre travail, les mesures à prendre pour en étendre la publicité dans les conditions que vous indiquez ne peuvent être décidées qu'après un examen attentif et comme tout ce qui touche à cette affaire délicate doivent être soumis à l'approbation du Conseil.

« Recevez, monsieur, l'assurance, etc.

Le Conseil des ministres est saisi de nouveau de la question. Mais en attendant qu'il soit pris une décision à cet égard, j'ai, avec le concours dévoué et désintéressé de mes amis et collaborateurs, publié, à nos risques et périls et de nos propres deniers, la présente édition.

Nous la recommandons à la bienveillance du public et nous serions heureux de pouvoir faire notre profit des critiques et des objections qu'elle pourrait soulever.

V. DE COURMACEUL.

NICE ET LA FRANCE

CHAPITRE Ier

La Question de Nice. — La Séparation. — L'agitation factice. — Les Comités étrangers. — Les intérêts et les Ambitions déçus. — Qu'est-ce que le Parti séparatiste ? — De quoi se compose-t-il ? — Comment s'est-il formé ? — La Chimère. — Instincts de la Population. — Attachement à la France. — Besoin de stabilité et de calme. — Conditions d'existence. — Dissipons les équivoques.

Au milieu des calamités qui ont signalé l'année qui vient de s'écouler, un phénomène étrange s'est tout à coup révélé.

Sur un point du territoire français, aussi éloigné que possible du théâtre de la guerre, et dont l'habituelle quiétude ne paraissait pas devoir être troublée par le contre-coup de ces tristes événements, une certaine agitation a été provoquée, et l'on a vu se produire des manifestations dans le but d'entamer au Midi cette intégrité de nos frontières que nos armées défendaient avec tant d'intrépidité dans l'Est.

On a donné à ce mouvement le nom de QUESTION NIÇOISE.

⚓

C'est de Nice, en effet, qu'il s'agit. C'est à Nice, — et dans la ville de Nice seulement, — que l'on a vu cette anomalie. C'est à Nice qu'il s'est rencontré quelques esprits turbulents, — la plupart étrangers à notre nationalité, — assez oublieux des véritables intérêts de cette contrée pour demander sa séparation de la France.

Notre intention n'est pas de critiquer les moyens qui ont été mis en usage pour faire prévaloir ces idées. Nous ne rappellerons pas les tendances des journaux italiens qui se sont mis à leur service, et dont les polémiques violentes, les calomnies calculées ont failli porter leurs fruits. Nous passerons sous silence ces journées où la population a vu, avec douleur, quelques bandes aveuglées ou soudoyées se porter, dans les rues, à des excès qui ont effrayé et fait fuir les gens paisibles et les hôtes d'hiver de Nice et des environs.

⚓

Cela n'est qu'un incident passager, qui ne donne pas de sérieuses inquiétudes à l'autorité française.

Et cependant c'est un symptôme qui ne peut pas être négligé et qui dénonce une situation sur laquelle l'attention publique doit être appelée ; elle mérite une étude approfondie, d'autant plus qu'elle vient de se manifester au grand jour dans deux professions de foi qui resteront célèbres.

Jusqu'ici, la passion dénaturant le faits antécédants, a obscurci quelques points de droit public, et même a travesti les notions historiques, de telle manière qu'il est devenu nécessaire de rétablir la vérité et de démontrer l'erreur, par des raisonnements appuyés sur des documents que personne ne peut révoquer en doute.

⁜

Ce n'est pas l'étranger seulement qui demande ce que c'est que la Question Niçoise. Les habitants du pays ne savent pas bien eux-mêmes ce qu'elle est. Chacun s'en fait une opinion à part ; chacun a ses moyens variés et sa solution différente.

C'est qu'il n'est pas facile d'avoir une idée bien nette, une définition bien claire d'une chose indéterminée.

C'est, pour mieux dire, que la Question Niçoise n'est pas une *Question*.

C'est une fantaisie de l'imagination.

Les gouvernements de France et d'Italie n'ont pas sujet de s'en émouvoir et s'en émeuvent fort peu, en effet. C'èst tout au plus si elle peut donner naissance à quelque agitation sans importance comme celle dont nous avons été témoins récemment, — agitation circonscrite, du reste, dans quelques quartiers de Nice et parmi quelques groupes plus turbulents que dangereux.

⊥

Ce qui a pu lui donner un certain retentissement, ce sont les efforts tentés par des Comités, constitués en pays étranger et composés exclusivement d'étrangers.

C'est sous leur souffle que le foyer des mécontents s'est animé; c'est leur action seule qui l'entretient.

Sans eux, rien de semblable ne se fût produit et tout rentrera dans l'ordre et le calme le jour où leurs manœuvres auront été réduites à l'impuissance.

Les hommes d'Etat comme les hommes de sens ont donc raison de n'attacher qu'une médiocre valeur à tout ce tapage. Ils savent bien que, au point de vue international, la QUESTION NIÇOISE n'existe pas. Il n'est pas un homme politique qui ait changé d'avis à ce sujet depuis 1860, et qui n'approuve maintenant ce que l'Europe a été unanime pour sanctionner, il y a dix ans. Il n'en est pas un qui ne trouve aujourd'hui aussi excellents, aussi irréfutables qu'au premier jour, les arguments qui ont déterminé la réunion de Nice à la France, parce que tous savent et avouent que Nice appartient à la France, par le cœur, par les mœurs, par le langage, par l'affinité de race, par la position topographique, par la nécessité des rapports de toutes sortes que la nature à créés et qu'il n'est pas au pouvoir de l'homme d'anéantir.

Et cependant, on prétend qu'il y a à Nice un *Parti séparatiste*. S'il existe, — ce qu'il faudrait avant tout prouver et ce que nous n'admettons pas, — sa thèse n'a et ne peut avoir aucun soutien dans la diplomatie.

Le gouvernement de l'Italie, de ce noble et généreux pays au profit duquel on s'efforce de détacher Nice de la France, reconnaît l'impossibilité d'un pareil résultat, désavoue ceux qui le poursuivent et s'abstient prudemment, en toute occasion, de laisser supposer qu'ils puissent compter sur lui.

Le drapeau de la séparation ne couvre donc que des agitations stériles qu'on peut essayer d'exploiter dans un but électoral, mais qui ne peuvent troubler la paix entre les deux nations, ni même jeter dans leur rapports le moindre refroidissement, tant que la même loyauté présidera à leur politique.

Cela ne fait pas le compte de quelques intérêts personnels compromis, de certaines ambitions déçues et des appétits inassouvis qui se cachent sous le drapeau de la séparation. Aussi, se voyant dédaignés par le gouvernement italien, les promoteurs de cette idée en sont arrivés à rêver la constitution de Nice en Etat libre et complétement indépendant de la France et de l'Italie.

Voilà le dernier refuge des agitateurs. Ils imposent cette condition à tous leurs candidats, par *Mandat impératif*.

Nous allons étudier ces deux ordres d'idées sans nous préoccuper de leurs mobiles secrets. S'il en est de coupables, c'est affaire de conscience, et l'opinion publique en fera tôt ou tard bonne justice. Nous n'avons à les considérer, pour le moment, que dans les faits qui en résultent.

Disons seulement, au début de ce travail, et afin de n'y plus revenir, ce qu'est le soi-disant *Parti séparatiste*.

Il se recrute d'abord parmi les hommes de

désordre, toujours prêts à saisir les occasions de semer le trouble et l'inquiétude dans la population ;

En second lieu, de certains Niçois qui, ayant opté pour la nationalité italienne, seraient désireux de voir leur pays natal faire retour à l'Italie, afin d'être aptes à y occuper les mêmes fonctions et emplois qu'ils remplissent en ce moment dans la Péninsule ;

Et enfin de quelques personnalités impatientes de jouer un rôle et qui, usurpant le titre d'émigrés, se posent en victimes, se disent persécutées et se targuent, — sans mandat aucun, — d'être les seuls représentants et les seuls vengeurs du droit méconnu.

Ces trois catégories saillantes sont parvenues à grouper une certaine classe d'hommes qu'on trouve toujours disposés à se laisser entraîner dans les causes les plus mauvaises et dans les œuvres les moins raisonnées.

La tolérance excessive, bien voisine de l'aveuglement et de la faiblesse, — que les autorités françaises ont montrée, depuis dix ans, en présence de ces manœuvres, — a favorisé la formation et le développement de ce semblant de parti.

Longtemps, il a agi dans l'ombre.

Aujourd'hui, il s'est enhardi et il lève la tête.

Ses éléments, — sans homogénéité, — ont pourtant une direction commune. Il a un mot d'ordre, une sorte d'organisation, des orateurs, un journal. Il forme un corps discipliné, dont les prétentions s'étalent au grand jour en dépit de l'autorité française, et qui, — poursuivant son but avec une incroyable ténacité, — a fini par donner le change et par faire croire, — au loin, — à l'existence d'une QUESTION...... qui n'existe pas.

Une seule remarque suffirait pour faire juger ces partisans de l'annexion à l'Italie ; c'est que cette idée n'est venue, à la plupart d'entre eux, que depuis le jour où ils ont reconnu que les faveurs de l'administration française étaient accordées plus facilement à ceux qui affectent de conserver un culte pour l'Italie.

Ils ont cru faire là un calcul avantageux ; ils ont feint de se détacher, afin qu'on s'empressât de les rallier par des bienfaits, — et la ruse n'ayant pas réussi, ils se sont, de dépit, jetés à corps perdu dans l'hostilité.

Ils avaient une toute autre attitude à l'époque où l'unanimité des habitants, — dont ils faisaient partie, — vota le retour à la France.

Tous se disaient alors Français, — plus Français que ceux qui avaient toujours soutenu cette cause et avaient longtemps souffert pour elle.

⚓

Tel est le *Parti séparatiste* à Nice.

Certes, les aspirations nationales commandent le respect lorsqu'elles s'appuient sur les faits, le droit, la raison et l'intérêt réunis.

Mais il n'y a rien de semblable dans la prétendue QUESTION NIÇOISE.

Elle ne repose sur rien : c'est une chimère.

L'étude attentive et impartiale du passé et du présent, les traditions, les aspirations, les besoins de ces paisibles et laborieuses populations, tout combat, dément et désavoue les fauteurs de trouble, tout démontre que, s'il y a, de ce côté des Alpes, de vives et sincères sympathies pour l'Italie sous la domination de laquelle on a vécu, il y a, au fond des cœurs, un attachement inébranlable pour cette France dans les bras de laquelle on s'est volontairement jeté à deux reprises.

⚓

C'est que le bon sens de la grande majorité de la population lui fait comprendre qu'elle a tout à perdre à ces changements périodiques de nationalité, et que, pour sa prospérité et celle du département, il faut la stabilité, la sécurité et la tranquillité.

La moindre agitation dans son sein, — on en a fait la triste expérience,—éloigne ces hôtes d'hiver que d'autres pays rivaux sollicitent sans cesse. Une apparence de trouble chasse les étrangers vers d'autres stations empressées à les attirer, ingénieuses à les retenir.

Oui, on le comprend bien à Nice; on sent le besoin du calme dans les esprits et de la paix dans la rue; on calcule le préjudice que l'on a subi, et l'on condamne des menées qui ont compromis la prospérité du pays et qui, en se prolongeant amènerait sa ruine.

⁂

Est-on en droit d'espérer un retour à la raison de la part d'hommes égarés par les excitations des Comités.

Il n'en faut pas douter.

Lorsque la vérité sera connue, la colère n'aura plus d'empire, et l'on n'aura rien à redouter de ces influences funestes, qui, pendant quelques mois, ont cherché à profiter des désastres de la France, afin d'ébranler son autorité et qui aujourd'hui encore tentent d'exploiter les erreurs et les passions des masses pour la satisfaction de l'égoïsme ou de l'ambition de quelques-uns.

Plus d'un rougira, un jour, d'avoir cédé aux suggestions de ceux qui ont été jusqu'à compter sur la Prusse victorieuse pour suppléer à l'indifférence de l'Italie.

Ces basses intrigues ont déjà révolté la conscience des gens honnêtes; une réaction heureuse s'opère. En vain quelques organes de la presse italienne, — trompés sur la portée des événements qui ont attristé la ville de Nice, — se sont rendus récemment complices d'excitations nouvelles. Ils sont restés sans échos, non-seulement au-delà des Alpes, dans ce royaume qui s'est constitué avec le secours de nos armes, mais même sur les Italiens habitant parmi nous, et qui, sentant le prix de l'hospitalité qu'ils reçoivent sous la protection de nos lois, sont trop loyaux pour la payer par l'ingratitude.

⚓

L'apaisement se fera donc sûrement; — il se fait déjà!

Que Nice jouisse, comme aujourd'hui, de sa libre administration; — qu'elle ait ses conseillers élus par elle, comme en ce moment; — qu'on lui restitue, comme à toutes les communes de France, le choix direct de ses magistrats municipaux; —

qu'elle s'appartienne, enfin, en tout ce qui concerne ses intérêts locaux, sans aucune immixtion des administrations gouvernementales, les griefs s'effacent et ce pays, — fidèle à sa parole, — se souvenant qu'il s'est volontairement fondu dans la grande unité française, — échappera aux dangers que l'idée de séparation peut lui attirer et à la ruine qu'elle lui prépare.

⊥

Nous voulons contribuer à ce résultat. Nous voulons jeter quelque lumière sur ce débat qu'on a eu intérêt à obscurcir. Nous voulons rechercher la vérité avec calme, sans idée préconçue et la dire simplement, mais résolûment.

Le moment est venu. Nous allons remplir ce devoir de conscience, certains que nous sommes de rendre un service à ce pays, en dissipant l'erreur des uns, en raffermissant les autres dans leur croyance.

Pour réfuter les allégations des séparatistes, nous tirerons nos preuves de l'examen raisonné des conditions d'existence de Nice et de ses habitants.

Nous invoquerons le témoignage des faits anciens et contemporains.

Nous démontrerons, — contrairement à des assertions erronées, — que l'histoire de ce pays se rattache, — dès son origine, — beaucoup plus à l'élément gaulois qu'à l'élément romain ;

Qu'il est une annexe beaucoup plus naturelle et beaucoup plus directe de la France que de l'Italie ;

Que, colonie marseillaise, il a fait partie de la Provence, à laquelle sa topographie l'unit intimement ;

Que, par la race, la constitution physique de ses habitants, leur caractère général, leurs mœurs, usages et coutumes, leur langue, leurs tendances, leurs intérêts enfin, cette contrée appartient à la France ;

Qu'un penchant irrésistible l'a toujours entraînée vers elle ;

Que le courant intellectuel, les rapports de commerce et d'industrie, et les nombreux besoins auxquels ils pourvoient, ont rendu ces liens plus étroits.

C'est la tâche que nous nous sommes imposée.

Si nous parvenons à la remplir comme nous la comprenons, nous atteindrons ce résultat si désirable d'apporter la lumière où d'autres s'efforcent de produire l'obscurité ; de dissiper les équivoques et les malentendus et d'amener la pensée de de tous les honnêtes citoyens sur le terrain de la conciliation.

———

CHAPITRE II

Origine de Nice. — Frontière réelle et stratégique. — La Roya et les Alpes. — Les Mœurs. — La Langue. — Aspirations du pays. — Opinion de M. de Cavour. — Le Comté de Nice est Français. — Opinion du roi Victor-Emmanuel. — Paroles de Napoléon III. — Assentiment de toute l'Europe. — Déclaration de M. Thiers.

Il n'est pas nécessaire de nous appesantir sur la question d'origine. C'est un point historique qui ne peut plus être sérieusement contesté.

Nice est de création phocéenne et par suite provençale.

Elle a été un produit de la civilisation massilienne, au sixième siècle avant notre ère. C'est ce qui l'a fait nommer, par les géographes anciens : « *Nicœa Massiliensium,* » et plus tard « *Nice en Provence.* »

La situation géographique de cette contrée

fournit suffisamment de preuves à cette assertion. Un torrent, souvent presque à sec comme le Var, n'est pas une frontière. Les habitants de deux rives ne sont pas réellement séparés, même par un fleuve coulant à pleins bords. Il semble, au contraire, qu'ils y trouvent, par la navigation, un moyen de rapprochement naturel, qui les met en contact perpétuel. Presque toujours, les bords opposés sont peuplés d'individus de la même race, de la même origine, ayant entre eux d'étroites relations, que les unions des familles fusionnent et que le mélange des intérêts rend indissolubles.

⚓

Il n'y a de frontières naturelles que les grandes chaînes de montagnes, les fleuves impétueux, les déserts, les mers, tout ce qui isole, en un mot, tout ce qui offre un obstacle sérieux, tant à l'agression réciproque qu'à la communication des pensées.

Le Var, courant intermittent, n'est donc pas une frontière naturelle entre l'Italie et la France. Il faut chercher ailleurs la séparation réelle des deux pays.

⚓

La chaîne des hautes montagnes, — qui, partant de la Suisse, laisse derrière elle la Savoie, les Hautes-Alpes et les Basses-Alpes, pour venir mourir au bord de la Méditerranée, à l'Est du département des Alpes-Maritimes, — trace une limite certaine.

On a beau chercher, il n'y a pas d'autre point stratégique.

Les rochers, d'un accès difficile, viennent se baigner dans la mer : double condition qui se rencontre rarement et qui assure aux Etats voisins une plus grande sécurité.

C'était l'opinion de deux hommes qui, en cette matière, ont une compétence incontestable.

⚓

M. de Cavour disait, devant le Parlement italien, le 3 février 1861, que la ligne du Var ne pouvait être défendue par l'Italie.

« A supposer une guerre avec la France, les armées de la Péninsule en seraient réduites ou à envahir toute la Provence pour soutenir Nice, ou à abandonner Nice pour se retrancher sur la chaîne au bas de laquelle coule la Roya. (1)

---

(1) Extrait des paroles prononcées par M. de Cavour, président du Conseil des ministres du Piémont, dans la séance de la Chambre des Députés du 3 février 1851.

Il s'agissait d'examiner l'opportunité de créer un grand port militaire à Villefranche :

« L'histoire nous apprend, a dit M. de Cavour, que le

Que l'on jette un coup d'œil sur une carte du département, et l'on est convaincu de ces vérités.

Un autre fait vient encore les appuyer : l'Italie a conservé, de ce côté-ci des monts, — par suite d'une délimitation défectueuse, — deux territoires qui sont essentiellement français : Brigue et Tende ont réclamé, à plusieurs reprises, leur retour à la France, qui a cette revendication à faire.

⁂

On reconnait donc, si l'on veut prendre en considération l'opinion d'un homme d'Etat d'une valeur aussi considérable que M. de Cavour, que la ligne du Var n'est pas une frontière. A son opinion, qui fait autorité à nos yeux, nous joindrons celle du premier et du plus illustre homme de guerre de notre siècle.

Le général Bonaparte avait étudié ce pays, témoin de ses premières armes. C'est donc en pleine connaissance de cause que l'homme de

---

Comté de Nice n'offre aucun point stratégique et que la ligne du Var n'est guère susceptible d'être défendue. De sorte qu'on se trouve forcé, en cas de guerre, ou d'envahir la Provence, ou de se retirer sur la formidable ligne de la Roya.

« En conséquence, l'avis des savants et l'opinion du gouvernement s'opposent à ce qu'on établisse à Villefranche le port militaire de l'Etat. »

guerre a prononcé le même jugement que l'homme d'Etat. [1]

Les deux opinions sont identiques.

⁂

Le Var n'est donc pas une frontière.

Les aspirations qui se manifestent obstinément entre le Var et les Alpes, comme à Brigue et Tende, que nous venons de citer, en sont la preuve.

Notre déduction est logique et nous pouvons affirmer avec certitude que la frontière n'est pas là.

La limite des deux Etats était autrefois tellement fictive, qu'elle ne suivait pas tout le parcours de ce torrent ; elle ne s'étendait que de l'embouchure jusqu'au confluent de l'Estéron, c'est-à-dire sur une vingtaine de kilomètres au plus. Au delà, le lit du Var était tout entier dans le comté de Nice, et il n'y avait plus, entre les deux pays, d'autre frontière qu'une ligne imagi-

---

(1) L'opinion que Napoléon Ier a formulée dans le *Mémorial de Sainte-Hélène* est catégorique.

« Une armée, dit-il, qui, venant d'Italie, passe le Var, est entrée en France ; mais une armée qui, venant de France, passe le Var, n'est pas en Italie. Elle n'est que sur le revers des Alpes-Maritimes. Aussi longtemps qu'elle n'a pas franchi la haute crête des Alpes, pour descendre en Italie, l'obstacle reste tout entier. »

naire qui ne laissait d'autres traces, dans les vallons où elle décrivait ses courbes, qu'une série de bornes numérotées.

⚓

Ainsi la position géographique du comté de Nice le sépare absolument de l'Italie et le donne à la France.

Si, d'autre part, on interroge les mœurs de ses habitants, on découvrira les raisons les plus concluantes pour corroborer cette opinion, et cela se conçoit lorsque l'on se souvient que, pendant plus de dix siècles, le Comté a fait partie de la Provence.

Cette longue communauté de vie politique et publique a fusionné les coutumes, les caractères et les croyances, et a établi, dans tous les rangs, une parfaite similitude.

Deux mots aussi sur le langage.

Le dialogue niçois est évidemment le patois provençal auquel se sont mêlés quelques mots corrompus de l'Italien.

Il nous paraît superflu d'entrer ici dans de longs détails sur la formation de l'idiome romian ou provençal qui a eu pour racine le celtique ou le grec et qui a emprunté quelque peu aux différents dialectes des peuples qui ont séjourné sur ce sol longtemps visité par les invasions.

Nous remarquons seulement, en passant, que les habitants des deux rives du Var emploient la même langue que les habitants de Marseille, de Toulon, d'Avignon, sauf les quelques mots italiens dont nous parlions tout à l'heure et qui se sont glissés dans l'idiome, et sauf aussi une légère modification et une certaine nuance dans la prononciation.

Qu'on se transporte, au contraire, au-delà de la Roya, on entendra le peuple de Vintimille, de Bordighière et de San Remo, parler un dialecte qui est difficilement compris par les indigènes du versant occidental de la grande chaîne des Alpes. Ce n'est plus le provençal, c'est le gênois, espèce de patois italien. La zône où s'arrêtent les deux idiomes est parfaitement dessinée.

⁂

Ce que nous venons de dire regarde la langue usuelle du pays, la langue populaire.

Dans le commerce, dans les rangs élevés de la société niçoise, le patois est abandonné ; on ne parle, on n'écrit qu'en français.

Depuis de longues années, les actes notariés étaient, sous le régime sarde, rédigés indifféremment en italien ou en français, à la volonté des parties.

Les journaux sont en langue française, sauf une exception qui ne peut fournir un argument sérieux, par la raison qu'elle n'a été créée, depuis peu de mois, que pour le soutien des idées de séparation et parce qu'elle n'est, en conséquence, qu'une manifestation de parti et non l'expression des besoins et des sentiments de la majorité de la population.

C'est donc en vain que l'on persisterait à soutenir que Nice est italienne par son origine et par ses traditions. Le rapide coup d'œil que nous venons de jeter sur ce côté de la question démontre le contraire.

Les prétentions des séparatistes sont, sur tous ces points, sans fondement.

Ils ne peuvent présenter aucun argument qui légitime les engagements qu'ils exigent de leur candidats, non plus que l'intervention du gouvernement italien ou l'immixtion d'un congrès européen, qu'ils réclament à grands cris, afin d'obtenir une rétrocession qui serait contraire aux intérêts comme aux aspirations du pays.

S'il était nécessaire d'invoquer encore, sur cet autre point, une autorité qu'ils ne récuseraient certainement pas, nous rappellerions, une seconde fois, l'opinion de M. de Cavour, l'homme d'Etat le plus compétent dans cette matière.

M. de Cavour, — qu'on s'en souvienne, — exprimant sa pensée sur la réunion de Nice à la France, a soutenu, devant la Chambre des députés de Turin :

Que le Comté de Nice est naturellement français;

Que ses intérêts matériels le poussent nécessairement vers la France ;

Et que l'idiome qu'on y parle n'a qu'une analogie très-éloignée avec l'italien. [1]

Il accentuait sa pensée, dans cette phrase célèbre :

« NON ! NICE N'EST PAS ITALIENNE ; JE LE
« DIS AVEC UNE ENTIÈRE CONVICTION. »

⁂

C'était même le sentiment du roi Victor-Emmanuel, qui l'exprimait en termes tout aussi catégo-

---

[1] Extrait du discours de M. de Cavour devant la Chambre des Députés de Turin, le 26 mai 1860:

« J'arrive maintenant à la question de Nice. M. Rattazzi a dit que Nice était incontestablement une province italienne et pour le démontrer, laissant de côté les arguments ethnographiques et géographiques, il n'a donné qu'une raison, celle-ci : Nice est italienne, parce que, autrefois, libre d'elle-même, elle s'est donnée à l'Italie.

« Je regrette que l'honorable député Rattazzi ait usé, qu'il me permette de le lui dire, d'un aussi pauvre argu-

riques, dans la proclamation qu'il adressa aux habitants de Nice, à la suite du Traité du 24 mars.

« Je ne pouvais méconnaître, disait Victor-Emmanuel, « que le développement du commerce, la rapidité et la « facilité des communications augmentaient chaque jour « davantage l'importance et le nombre des rapports de « la Savoie et de Nice avec la France. Je n'ai pu oublier « que *de grandes affinités de race, de langage et de* « *mœurs rendent ces rapports de plus en plus intimes et* « *naturels.* »

⁂

Napoléon III n'était que l'écho de ces deux illustres fondateurs de l'unité italienne, quand,

---

ment. Je ne veux pas examiner le vote donné par Nice en 1388 en faveur de la Maison de Savoie. Je ne sais pas si, dans ce temps là, on observait pour le vote les prescriptions qu'ordonne aujourd'hui notre loi électorale. J'en doute beaucoup. Mais, admettant que les Niçois aient donné, en 1388, un vote libre, dégagé de toute pression, que firent-ils alors ?

« Manifestèrent-ils l'intention d'être Italiens ou tout au moins d'être réunis sous le sceptre d'un roi italien ?

« Non, il faut bien le dire, la Maison de Savoie *n'était pas encore devenue* italienne; sa puissance et sa capitale étaient en Savoie ; la donation fut faite à Amédée VII, dit le comte Rouge, qui tenait sa cour à Chambéry et *il est évident que l'intention des Niçois fut alors de se réunir à un prince savoyard, à un prince de* LANGUE FRANÇAISE, à un prince qui habitait du même côté des Alpes qu'eux-mêmes.

« L'argument mis en avant par M. Rattazzi se tourne donc justement contre sa thèse. Examinons mainte-

expliquant aux Chambres françaises les raisons qui avaient pesé dans les Conseils des deux nations, il disait :

« En présence de la transformation de l'Italie, qui donne
« à un Etat puissant tous les passages des Alpes, il était
« de mon devoir, pour la sûreté de nos frontières, de
« réclamer *les versants français de ces montagnes.* »

⁂

Au point de vue des frontières stratégiques, les droits de la France ne peuvent être contestés et les deux gouvernements d'Italie et de France, assurés de l'assentiment de tous les ca-

---

nant, non pas la situation de Nice en 1388, mais sa situation actuelle.

« *Cette province est naturellement* FRANÇAISE.

« Une locution populaire vous le démontre ; c'est que ce pays s'appelait : *La France rustique.*

« Une province italienne aurait-elle jamais supporté d'être ainsi appelée pendant des siècles ? Il faudrait pour cela que le sentiment italien n'y eût pas de bien grandes racines.

« D'une part, les intérêts matériels du Comté *poussent nécessairement ses habitants vers la France.*

« Pour constater la nationalité d'un peuple, je ne pense pas qu'il faille recourir à des arguments philosophiques ou à des recherches scientifiques : ce sont des faits qui tombent sous les sens, et appartiennent à l'appréciation de tous les individus.

« Or, nous avons deux Nice : l'une en Piémont, qu'on désigne sous le nom de Nice de Montferrat ; une autre sur le littoral, que nous tous, dans notre jeunesse, nous avions l'habitude d'appeler *Nice de Provence.* J'ai habité Nice et je puis vous assurer que j'y ai reçu une infi-

binets de l'Europe, ont été d'accord pour replacer Nice sous les lois de sa mère-patrie.

C'est contre ce sentiment unanime des puissances intéressées, contre cet accord diplomatique, sanctionné par un vote libre des populations, que quelques esprits isolés protestent, après dix ans.

Pendant cette longue période, nul n'a songé à élever la voix : la France était puissante, prospère et redoutée et il eût fallu être bien audacieux pour toucher à ses frontières.

Aujourd'hui, une guerre funeste a amené l'enne-

---

nité de lettres portant l'adresse de *Nizza di Provenza*. Croyez-vous que si Nice était réellement italienne, cette locution aurait été employée et serait devenue populaire ? Non assurément.

« Mais quelle est la preuve la plus forte de la nationalité d'un peuple ? C'est le langage. Or, *l'idiome parlé à Nice n'a qu'une analogie très-éloignée avec l'italien* ; c'est le même qu'on emploie à Marseille, à Toulon et à Grasse. Celui qui a voyagé en Ligurie trouve que la langue italienne se conserve dans ses modifications et ses dialectes jusqu'à Vintimille. Au delà, c'est comme un changement de scène ; c'est un tout autre langage.

« Je ne conteste pas qu'à Nice les personnes aisées n'aient l'habitude d'apprendre l'italien et ne puissent faire usage de cette langue ; mais, dans les conversations familières, les Niçois ne se servent pas de l'italien ; ils parlent le provençal ou le français.

« Non, Nice n'est pas italienne ; je le dis avec une entière conviction. »

Séance de la Chambre des Députés de Turin du 26 ma 1860.)

mi dans son sein ; ses frontières de l'Est ont été violées et l'on a cru le moment favorable pour reculer ses limites au Sud et pour lui enlever encore quelque lambeau de territoire.

⁂

Dans les diverses élections politiques ou communales, on exige des candidats niçois des engagements à cet égard et il paraît qu'il ne font guère difficulté d'en prendre.

Nous n'apprécierons pas ici la grandeur, la noblesse d'un tel procédé. Mais après avoir démontré que Nice est française par toutes ses traditions, par tous ses instincts, par tous ses souvenirs et par toutes ses espérances, nous croyons être autorisé à opposer aux séparatistes cette phrase concluante d'une récente circulaire de M. Thiers, chef du pouvoir exécutif de la République française :

« TOUTE TENTAVIVE DE SÉCESSION, ESSAYÉE
« PAR UNE PARTIE QUELCONQUE DU TERRI-
« TOIRE, SERA ÉNERGIQUEMENT RÉPRIMÉE EN
« FRANCE, AINSI QU'ELLE L'A ÉTÉ EN AMÉRI-
« QUE ! »

CHAPITRE III

Fondation de Nice. — Opinion des auteurs anciens. — Les comtes de Provence. — Pacte de 1388. — Amédée VII. — Ses successeurs. — La Révolution. — Nice se donne à la France. — Délibération du peuple niçois. — Décret de la Convention. — Impopularité du roi de Sardaigne. — Suppression du Port-franc. — Protestation unanime des Niçois.

On ne sait rien de précis sur la date de la fondation de Nice. Elle dut suivre de près celle de Marseille et elle remonte ainsi jusqu'à la fin du VIe siècle avant notre ère.

Colonie marseillaise, et, par conséquent, de source celtique, elle eut à se défendre, dès son origine, contre les Liguriens, peuplade de l'Italie septentrionale.

Son nom de Nice, — qu'on fait dériver de NIKÉ *Victoire,* — dénote assez que la ville naissante ne devait rien à l'Italie.

Par la suite, et comme pour mieux caractériser cette situation, elle reçut une autre appellation d'étymologie celtique : — BELLANDA, — formée de deux mots BEL LAND (*Belle Terre*), — ce qui indique encore les liens étroits qui unissaient sa population aux races de la Gaule.

C'est de cette dernière dénomination que lui est resté le nom de Nizza la Bella, que lui donnaient les Italiens, sans se douter qu'ils affirmaient ainsi l'origine française de cette cité.

⁂

Strabon, — dont on a dénaturé un passage pour prouver que le Var est la limite de la Gaule narbonnaise et de l'Italie, — ne fait pas difficulté de reconnaître que Nice n'appartient pas à l'Italie.

En parlant de Cimiès, qui était le poste administratif et politique de la contrée, pendant la domination romaine, il dit que « cette cité, placée en face de Nice, est *dans les Gaules*, » et il la nomme « la *porte d'entrée* de l'Italie. »

Lorsqu'il note, dans un seul endroit, que Nice appartient à l'Italie, il a soin de spécifier que c'est « *selon la nouvelle division des frontières*, » ce qui prouve qu'avant les délimitations *nouvelles* que la conquête imposait arbitrairement ainsi, Nice appartenait à la Gaule, comme Cimiès.

Strabon vivait sous César, et c'est, en effet, sous César que Nice, soumise par la force à la domination romaine, devint un arsenal maritime où les vainqueurs du monde puisaient d'immenses ressources.

Il en était de même de Fréjus (*Fretum Julii*), poste stratégique et maritime qui, non plus que Nice, n'était italien, quoique occupé par les Romains, qui y ont laissé, comme à Cimiès, des traces ineffaçables de leur domination.

Cependant, on n'a jamais songé à prétendre que Fréjus, pas plus qu'Arles, Nîmes, etc., fût cité romaine ; ces villes ont toujours été, sans conteste, classées dans la Gaule narbonnaise, et il n'est aucune raison plausible pour qu'il n'en soit pas de même de Nice.

⚓

Strabon dit encore quelque part que les Salviens, — qui paraissent avoir été les peuples primitifs de cette contrée, — étaient établis sur les deux rives du Var ; qu'ils ne formaient qu'une seule nation depuis les montagnes des Alpes-Maritimes jusqu'à Aix, en Provence. Les rochers qui descendent de Barcelonnette à la mer ont même porté le nom de *Monts Salviens*.

⚓

Justin et Tite-Live confirment ce témoignage.

Pline fait finir au Var la Gaule narbonaise, mais il ne fait commencer l'Italie qu'au delà de Monaco, au littoral ligurien (*Ligustica ora*), que l'on peut considérer comme l'embouchure de la Roya. [1]

Cette zône prolongée de la Gaule formait ce que Ptolémée et autres anciens géographes appelaient *Terres de Marseille*.

⚓

La conquête, en soumettant ces peuples au joug des Romains, n'a pu changer ces données historiques, qui sont appuyées sur la similitude des races.

Nice fut absorbée par Rome, sans cesser d'être gauloise ; il fallait bien se résigner, et n'a-t-on pas vu alors Marseille elle-même, — la puissante Marseille, — perdre une partie de son prestige.

⚓

Pendant la nuit obscure qui succéda à la chute de la Ville-Eternelle, il est impossible de saisir distinctement les faits qui se sont accomplis dans cette contrée.

---

(1) PLIN. *Hist. natur.*, lib. III.

Les Maures l'occupèrent longtemps sans qu'on soit en droit de soutenir qu'elle prit la nationalité mauresque.

Les comtes de Provence, en la délivrant, ne firent que la rendre à ses véritables destinées.

⚓

Sous l'autorité des comtes de Provence, Nice devint la capitale du comté auquel elle donna son nom et elle vit se développer sa prospérité. Aussi était-elle profondément attachée aux comtes de Provence ; plus d'une ville d'Italie l'enviait alors et eut bien voulu partager son sort, ainsi que l'atteste ces lignes extraites d'une vieille chronique :

« Les habitants des villes de Piémont portaient tant
« moult amour et tant moult vénérance aux seigneurs
« et comtes de Provence qu'ils imploraient leur protec-
« tion et demandaient de se mettre sous leurs lois. »

⚓

Il fallut les désastres du règne de Jeanne pour changer la condition de ce pays. Nice, craignant de tomber au pouvoir de Louis d'Anjou II, — que la comtesse avait adopté peu de temps avant sa mort et qui avait envahi la Provence à main armée, — Nice déliée, d'ailleurs, de son serment de fidélité envers Ladislas, fils et successeur de Charles de Duras, dont elle avait soutenu les intérêts, — Nice, disons-nous, était libre de ses destinées.

C'est précisément le sénéchal de ce même Ladislas, Jehan de Grimaldi qui lui proposa Amédée VII. Une convention fut passée au monastère de Saint-Pons par laquelle le Comté reconnaissait Amédée, pour son souverain.

Le peuple du Comté de Nice sanctionna les engagements pris par ses magistrats. Il préférait Amédée parce qu'il était d'origine française et c'est pour cette même raison que les vigueries de Vintimille, de Lantosque, de la Tinée et de la Sture accédèrent aussi à cette proposition.

Après trois ans écoulés, toutes les autres vigueries y avaient donné leur assentiment et elles n'avaient observé ce délai que parce que Ladislas s'était réservé de rentrer dans ses droits, s'il pouvait, pendant ce laps de temps, rembourser aux habitants les frais faits pour défendre sa cause.

⊥

On a beaucoup discuté sur la portée de cet acte du 28 septembre 1388, sur ses causes déterminantes et sur ses effets.

Nous n'en dirons que peu de mots, parce que

nous ne croyons pas qu'on puisse tirer, pour notre époque, des arguments bien probants de faits accomplis sous l'influence d'autres intérêts et d'une autre civilisation.

Nous ne relèverons ici que deux points : le premier, c'est que la population se donna alors, en pleine connaissance de cause, après mûre délibération et à l'unanimité.

Il y avait à cela une raison majeure : la nécessité.

Ce n'était pas un entraînement vers une nationalité dont on aurait été arbitrairement distrait. Non, c'était la meilleure planche de salut que l'on saisissait dans le naufrage.

⁂

En second lieu, la nationalité des comtes de Savoie ne peut paraître douteuse quand on étudie les origines de cette Maison. Quelle que soit la version historique que l'on adopte, on les voit se rattacher à une souche française : qu'on les fasse descendre de Berold, vice-roi d'Arles, ou des ducs de Bourgogne, ou d'Hermengarde, reine de Provence au IXe siècle, toujours est-il que leur histoire est remplie de leurs rapports avec la France et que, à l'époque d'Amédée VII, ils étaient les alliés des rois de France et les ennemis des princes de Piémont.

Amédée VII, particulièrement, avait accompagné le roi de France, Charles VI, en Flandre ; il s'était vaillamment battu à la tête des troupes françaises au siége d'Ypres; il était enfin le parent du roi de France, car il avait épousé une princesse du sang royal, Bonne de Berry.

⚓

Telle était, au vrai, la situation lors du pacte de 1388.

Les princes, qui succédèrent à Amédée VII, conservèrent longtemps leurs liens étroits avec la France.

Son petit fils, Louis Ier, donna sa fille à Louis XI et c'est à la cour de France qu'il se réfugia après la révolte de ses enfants et qu'il mourut.

Amédée IX avait épousé la sœur de Louis XI, Yolande, qui fut, après la mort du prince, régente du Comté.

Les Etats de Provence déférèrent, à la suite de la bataille de Morat, la tutelle de Philibert au roi de France lui-même ; ils lui continuèrent, après la mort de ce jeune prince, la tutelle de son frère Charles Ier.

Charles II favorisa le passage, par le Piémont, de l'armée française qui allait conquérir Naples.

⚓

C'est à partir de Philippe II seulement que les souverains de la Maison de Savoie commencèrent à se détacher de la France. Cependant, il y eut encore, en tous temps, entre les deux maisons régnantes, de nombreuses alliances.

Le clergé, de son côté, contribua à conserver ces liens en se rattachant ouvertement à l'Eglise de France ; l'évêché de Nice n'a jamais cessé d'être suffragant de l'archevêché d'Embrun.

⚓

A dater de Louis XIV, Nice passa par des vicissitudes de guerre qui la firent osciller entre la domination française et celle de la maison de Savoie, jusqu'au jour où la grande Révolution, émancipant les peuples, fournit au Comté de Nice l'occasion, — qu'il saisit avec empressement, — de manifester sa volonté.

⚓

Nous n'avons pas à apprécier ici les raisons qui soulevèrent l'Europe entière contre la Révolution française. Nous n'avons qu'à constater que le duc de Savoie se rangea, cette fois-ci, du côté des ennemis de la France.

La République lui déclara la guerre et aussitôt, comme pour justifier ce que nous avons dit sur l'impossibilité de défendre la frontière du Var, l'armée piémontaise se retira, — avant toute attaque sérieuse, et devant des forces peu importantes, — et alla se retrancher sur la ligne des Alpes, où elle comptait opposer plus de résistance.

⁂

Cette retraite était à peine effectuée, que la municipalité de Nice se rendit en corps, à Antibes, auprès du général français Anselme, le sollicitant de venir prendre possession de la ville et d'y rétablir l'ordre [1] qui avait été gravement compromis par l'exaltation de la population, à qui la désertion des autorités avait laissé le champ libre.

Les troupes françaises franchirent donc le Var, à la demande des Niçois et occupèrent la ville et le Comté.

⁂

Mais la Convention nationale ordonnait expressément à ses généraux de proclamer, en entrant dans un pays, que la nation française le laissait libre de se donner, sous la protection des armées de la République, telle organisation provisoire, telle forme de gouvernement qu'il lui plaisait d'adopter [2].

---

(1) Toselli. *Précis hist.*, T. Ier, 2e partie, p. 16. *(Voir aux notes supplémentaires)*.

(2) Rapport du représentant du peuple Lasource, du 24 octobre 1792, au nom du comité diplomatique sur les affaires de Nice et de la Savoie. *(Voir aux notes supplémentaires)*.

Le représentant Dubois-Crancé, lors de la discussion soulevée au sein de la Convention nationale, avait constaté que le vœu des habitants avait précédé tout ce qu'avait fait le général Anselme. Deux mois après, ce vœu se manifestait d'une façon plus instante encore, puisque la ville de Nice envoyait à Paris deux députés extraordinaires pour demander à la Convention la réunion de Nice et de son Comté à la France, la patrie primitive [1].

⊥

Sur le rapport du représentant Goupilleau [2], la Convention délégua à Nice trois commissaires, dont la seule mission était d'éclairer l'Assemblée. L'opinion publique s'était déclarée ouvertement ; répondant à la volonté de la Convention, qui avait exigé le vote exprès du peuple [3] Nice avait chargé de nouveau une commission extraordinaire de se rendre à Paris, afin de remettre aux députés de la

---

(1) Discours de Blanqui, délégué de Nice. Toselli, d°, p. 61. *(Voir aux notes supplémentaires)*.

(2) Séance de la Convention du 18 novembre 1792. Toselli, d°, p. 46. *(Voir aux notes supplémentaires)*.

(3) Séance de la Convention du 4 novembre 1792.

« La Convention nationale, dit le texte de cette décision, déclare qu'elle ne peut délibérer sur la demande en réunion présentée par les députés des administrations provisoires des Alpes-Maritimes, du ci-devant Comté de Nice, qu'après avoir connu le vote exprès du peuple. »

blées primaires pour solliciter et obtenir la réunion de Nice à la République [1].

France un vote librement émis dans les assem-

La Convention nationale hésitait encore, mais l'assemblée des sections de Nice, qui, se rappelant leur origine française, prenaient le titre de *Colons Marseillais*, prononçant la déchéance du roi de Sardaigne, donna tout pouvoir et autorité nécessaires à ses représentants pour obtenir « la réu-
« nion si désirée à la République française, pour
« laquelle le peuple niçois ne cesse de soupirer [2]. »

Enfin, le 31 janvier 1793, la Convention *accepta*, — c'est le terme même de son décret [3], — que le

---

(1) Toselli, *Précis historique*, p. 69 *(Voir aux notes supplémentaires)*.

(2) Toselli, d°, p. 70. *(Voir aux notes supplémentaires)*.
Extrait de cette délibération :
« Ladite Convention nationale des colons Marseillais décrète avoir chargé les citoyens Blanqui et Veillon, députés auprès de ladite Convention nationale de France, premièrement par les corps administratifs réunis provisoires de la ville et du ci-devant Comté de Nice et successivement par la très-grande majorité des communes, pour présenter, *au nom du peuple Niçois* et des colons Marseillais, *le vœu librement émis* par le peuple dans ses assemblées primaires et que l'assemblée de ses représentants vient de confirmer, leur donnant, à ces députés, tout pouvoir et autorité nécessaires pour solliciter, auprès de ladite Convention nationale, l'agrément de ce vœu et obtenir la *réunion si désirée* à la République française pour laquelle *le peuple Niçois* NE CESSE DE SOUPIRER. »

(3) Toselli, d°, p. 115.
Décret de la Convention nationale de France :
« La Convention nationale déclare, au nom du peu-

Comté de Nice fit partie intégrante de la République francaise.

On en fit le 85ᵉ département, sous le nom des Alpes-Maritimes.

⊥

Unie dès ce moment aux destinées de la grande nation, Nice participa, jusqu'à la chute de l'Empire, à sa prospérité comme à ses vicissitudes.

En 1814, après la prise de Paris, les armées autrichiennes pénétrèrent dans le Comté de Nice, et, en vertu d'une convention entre les alliés, elles en prirent possession « au nom et au profit du roi de Sardaigne. »

Quelles que fussent, à cette époque, les dispo-

---

ple Français, qu'elle *accepte* le vœu librement émis par le peuple souverain du ci-devant Comté de Nice dans ses assemblées primaires.

« Décrète, en conséquence, que le ci-devant Comté de Nice fait partie intégrante de la République Française.

« Ordonne que le Pouvoir Exécutif prendra sur-le-champ les mesures nécessaires pour faire transporter les bureaux de douane aux points limitrophes du territoire étranger.

« Charge son Comité de division de lui faire incessamment un rapport sur le mode d'organisation du ci-devant Comté de Nice.

« Le présent décret sera porté par un courrier extraornaire. »

Le traité de paix du 5 mai 1796 entre le roi de Sardaigne et la République française porte, dans son art. 3, la cession définitive et perpétuelle du Comté. — Toselli, dᵒ, t. 4, p. 32.

sitions de la population, fatiguée par les guerres de la fin de l'Empire, elle ne fut pas consultée et la force des armes fut le seul argument employé pour lui persuader de changer de nationalité.

Il est à remarquer, d'ailleurs, que, dans la conférence de Châtillon, du 14 novembre 1814, il avait été stipulé, par une des clauses du protocole, que les frontières entre la France et le royaume de Sardaigne seraient le sommet des Alpes.

Nice et Tende devaient rester à la France.

Ce ne fut qu'à la sollicitation et aux prières de M. Michaud, général au service de l'Empereur de Russie, qui y gagna le nom significatif de Beauretour, que le protocole de Châtillon fut modifié, malgré la résistance et la protestation du prince de Metternich. [1]

C'est ainsi que le Comté de Nice fut réuni à la Sardaigne par suite des désastres de la France.

Cette annexion, qui n'avait pas été, comme celle de 1793, préparée et amenée par le vote des populations, dura quarante-six ans, pendant les-

---

(1) TOSELLI, *Précis historiques*, t. 4, p. 33-40. *(Voir aux notes supplémentaires).*

quels le Piémont ne parvint pas à s'attacher les sentiments populaires.

Le Comté n'eut pas à se louer de la générosité du gouvernement transalpin : tous les travaux publics, toutes les améliorations réclamées par les habitants, et qu'indiquait la nécessité, étaient systématiquement négligés ; les écoles étaient en petit nombre et insuffisantes ; il n'y avait pas de routes.

Les demandes les mieux motivées n'étaient pas écoutées.

⊥

Un seul incident suffira pour donner une idée des dispositions d'esprit des habitants de Nice, soit à l'égard de la France, soit à l'égard du Piémont.

C'était en 1851 ; les hommes les plus impartiaux reconnaissaient combien étaient fragiles les liens qui retenaient Nice à l'Italie, et ils sentaient que, pour cimenter l'union, il eût fallu aider au développement des intérêts commerciaux du pays.

C'est ce que le gouvernement de Turin ne comprenait pas ou dédaignait.

Dans une contrée qui souffrait par la gêne de ses rapports avec la France, on devait appliquer une législation douanière spéciale, constituant quelques priviléges, à titre de compensation ; le gouvernement piémontais lui refusait cette juste satisfaction.

Il importait aussi d'assurer, au moyen de sacrifices, la franchise du port, qui eut procuré certains avantages. Loin de là ! on supprima cette franchise par une ordonnance royale qui porte la date du 11 juin 1851.

⁂

C'était vouloir s'aliéner toutes les sympathies en préparant la ruine du négoce que Nice ne peut faire qu'avec la France.

C'est, en effet, de France que se tirent les principaux objets de son commerce ; le Var n'est pas, comme la chaine des Alpes, un obstacle au trafic d'exportation ; il laisse un débouché facile aux produits, mais ce n'est qu'à la condition que les entraves de la douane ne viendront pas barrer la route.

C'est pourquoi la suppression du Port-franc par le gouvernement de Turin fut une faute qui devait amener la désaffection et préparer les voies à la séparation.

Cette mesure avait soulevé la population qui protesta par l'organe du Conseil municipal.

On y voyait une atteinte grave au pacte de 1388, une violation des engagements pris par le Comtes de Savoie de respecter et maintenir les franchises et priviléges de la Cité.

⚓

Ce fut un soulèvement général.

En trois jours, une pétition, qui se signait sur les places publiques, réunit les noms de plus de *onze mille* citoyens.

L'autorité s'alarma de cette unanimité ; elle fit arrêter les membres du Comité du Port-franc et devant l'attitude de plus en plus hostile de la population, elle dut recourir à un grand déploiement des forces militaires, qui suffit pour faire rentrer les choses dans l'ordre.

Cependant, si le calme matériel avait pu être rétabli, le trouble moral subsistait et l'influence, comme la popularité de la Maison de Savoie, en furent ébranlées.

De ce jour, Nice ne cessa de tourner ses regards vers la France.

CHAPITRE IV

Unanimité du sentiment français à Nice. — Proclamation de Victor-Emmanuel. — M. de Cavour. — Traité de cession. — M. Lubonis. — M. Malausséna. — Adresse des avocats. — Adresse des habitants. — Vote des 15 et 16 avril 1860. — Garibaldi désavoué par les Niçois. — Manifeste du Conseil Communal.

Telles étaient les dispositions de l'esprit public dans cette contrée quand s'accomplirent les grands événements de la guerre de 1859.

Il n'y avait pas, en ce moment, la moindre divergence entre les différentes classes de la société niçoise ; la population tout entière aspirait à la réunion du pays à la France, et les autorités, instituées par le gouvernement sarde, ne se donnaient pas elles-même la peine de cacher des sentiments identiques.

Le syndic de la ville, un an avant le vote populaire, traduisait chaleureusement les vœux de ses administrés.

« Nous sommes — disait-il [1] dans une proclamation
« — les enfants d'une terre qui semble placée entre les
« Alpes et la mer pour servir de trait d'union entre la
« France et l'Italie, d'une terre qui, à la fidélité la plus
« constante et la plus inaltérable envers la glorieuse dy-
« nasties de Savoie, a su, dans tous les temps, joindre
« *les sentiments de la plus vive sympathie pour la*
« *France.* »

Ce langage, qui conserve encore une certaine réserve bien naturelle chez un fonctionnaire, se dépouillera bientôt de cet artifice.

Les troupes françaises, traversant Nice pour voler à la délivrance de l'Italie, étaient reçues avec un enthousiasme indescriptible et sous une véritable pluie de fleurs; ce n'étaient partout qu'arcs de triomphes et mâts vénitiens aux couleurs françaises et sardes; il y eut une ovation au Théâtre-Italien, une illumination de toute la ville.

Le manifeste du syndic, tout élogieux qu'il fût,

---

(1) Proclamation de M. Malausséna, du 13 mai 1859.

était donc resté au-dessous de l'élan que les événements imprimaient à ses concitoyens.

Il suivit la pente, et, l'année d'après, il se montrait, dans ses discours, plus explicite encore en faveur de la France.

Le Piémont alors s'était agrandi, par l'annexion de la Lombardie, de la Toscane et des duchés; la presse française, appuyant le vœu des Niçois, demandait, en compensation des avantages recueillis par l'Italie dans cette guerre, la cession de la Savoie et du Comté de Nice.

La presse n'était en cela que l'écho d'une opinion qui ne rencontrait que bien peu d'adversaires, même dans les pays réclamés. Tout le monde comprenait que, comme l'avait dit l'Empereur à l'ouverture de la session législative, il importait à la sécurité de notre frontière de reprendre les versants français des Alpes.

Le roi Victor-Emmanuel reconnut loyalement la légitimité des prétentions de la France et il exprima son sentiment à ce sujet dans une proclamation qui produisit à Nice une vive sensation.

⚓

Qu'on nous pardonne d'étendre ici nos citations; elles sont d'une importance capitale :

« Quelque pénible qu'il me soit, — disait le roi du Pié-
« mont aux Niçois, — de me séparer de provinces qui ont

« fait si longtemps partie des États de mes ancêtres et
« auxquelles tant de souvenirs me rattachent, j'ai dû
« considérer que les changements amenés par la guerre,
« en Italie, justifiaient la demande que mon Auguste
« alliée, l'empereur Napoléon, m'a adressée, pour obtenir
« cette réunion.

« J'ai dû, en outre, tenir compte des services immenses
« que la France a rendus à l'Italie, des sacrifices qu'elle a
« faits, dans l'intérêt de son indépendance, des liens que
« les batailles et les traités ont formés entre les deux
« pays.

« Je ne pouvais méconnaître, d'ailleurs, que le dévelop-
« pement du commerce, la rapidité et la facilité des com-
« munications, augmentent chaque jour davantage l'im-
« portance et le nombre des rapports de la Savoie et de Nice
« avec la France.

« Je n'ai pu oublier, enfin, que *de grandes affinités de*
« *race, de langage et de mœurs*, rendent ces rapports de
« plus en plus intimes et naturels (1). »

⚓

M. de Cavour, que nous ne nous lasserons pas de citer, avait, peu auparavant, publié une note tout aussi catégorique :

« Le gouvernement du roi, — y était-il dit, — n'opposera
« pas de difficultés à la cession de Nice à la France,
« pourvu que *la volonté des populations* soit exprimée
« légalement et conformément aux prescriptions du Par-
« lement. »

Cette volonté n'était pas douteuse ; aussi les

---

(1) Proclamation du roi Victor-Emmanuel du 3 avril 1860.

semblants de résistance que quelques membres de la Junte Municipale tentèrent dans une adresse où ils cherchaient à dissuader le Roi de la résolution qu'il avait prise, rencontrèrent un blâme énergique dans le sein même du Conseil et dans la population.

⟁

De hautes raisons d'Etat et d'intérêt public l'emportèrent cependant et le traité suivant reçut sa ratification :

« Sa Majesté le roi de Sardaigne consent à l'union de
« la Savoie et de l'arrondissement de Nice à la France
« et renonce pour lui et ses successeurs, en faveur de sa
« Majesté l'Empereur des Français, à ses droits et titres
« sur lesdits territoires.
« Il est entendu entre Leurs Majestés que cette réunion
« sera effectuée *sans aucune violation de la volonté des po-*
« *pulations* et que les deux gouvernements aviseront d'un
« commun accord, le plus tôt possible, aux meilleurs
« moyens d'apprécier et de constater les manifestations de
« cette volonté. »

⟁

Les hommes les plus considérables et les plus respectés du pays s'employèrent alors à éclairer l'opinion que quelques opposants obstinés s'efforçaient d'égarer.

Le roi avait confié l'administration de la province à l'ancien avocat fiscal sarde; [1] il avait laissé à la tête de la ville l'ancien syndic ; les autorités piémontaises avaient en main le Comté tout entier ; elles veillaient à ce que la volonté des deux souverains, acceptée « par le *libre consentement* « du peuple, ne rencontrât ni difficulté ni obs- « tacle. » [2]

⁂

Ainsi se préparait le vote, sous l'influence exclusive des autorités sardes et sous la protection d'une garnison italienne.

Mais rien ne devait arrêter « la libre expansion des vœux de la population. » Chacun déposa son

---

(1) M. Lubonis, publia, le 6 avril 1860, une proclamation dont nous extrayons ce qui suit :

« Concitoyens !

« A la voix auguste du roi, toute incertitude sur notre avenir a disparu. De la même manière, à ces augustes paroles, doivent disparaître les dissensions et les rivalités. Tous les citoyens doivent être animés par le même esprit de conciliation. Toutes les opinions doivent se briser, impuissantes, contre les intérêts de la patrie et le sentiment du devoir ! »

(2) Voici le texte de la proclamation que M. Malausséna, syndic, publiait le 8 avril 1860 :

« Concitoyens !

« Vous êtes appelés à accomplir un acte qui marquera dans vos annales une époque mémorable.

« Le 15 et le 16 de ce mois, les urnes du suffrage uni-

vote avec la conscience qu'il accomplissait un acte qui allait « marquer dans les annales de la contrée une date mémorable » et en songeant à ce qu'il devait à « son pays, à la France, à l'Empereur. »

⊥

Quelques jours avant le scrutin, ce fut une explosion d'enthousiasme unanime.

On peut dire que le pays tout entier s'ingénia dans la recherche des formules les plus adulatri-

---

versel s'ouvriront pour constater votre volonté sur l'annexion à la France.

« Dans un moment aussi solennel, la voix de votre premier magistrat municipal ne peut pas rester silencieuse; il est de son devoir et de son honneur de vous déclarer franchement, ouvertement, la voie que sa conscience et l'intérêt public lui commandent.

« Les devoirs que lui imposaient son histoire et les traditions de la vieille fidélité, Nice les a noblement remplis.

« En présence du traité du 24 mars, en présence de la proclamation de S. M. notre roi bien-aimé, du 1er avril, tous ceux qui aiment véritablement leur pays, tous ceux qui sont sincèrement dévoués au roi et à la cause italienne ne peuvent avoir qu'une seule pensée, qu'un seul but : c'est que la volonté des deux souverains, acceptée par le libre consentement du peuple, ne rencontre ni difficulté ni obstacle ; c'est que sa franche et loyale exécution resserre d'une manière indissoluble les liens de l'alliance des deux grandes nations sur laquelle reposent l'avenir et les espérances de l'Italie.

« Serrons-nous donc autour des urnes avec calme et dignité ; soyons unis dans un même esprit de patriotisme éclairé et conciliant ; que rien n'arrête la libre ex-

ces pour l'Empereur et pour la France. C'était un élan sympathique irrésistible qui, ainsi que le disait la corporation des avocats, avait « gagné tou-
« tes les classes de la population niçoise. » [1]

De tous les points du territoire, des adresses et des députations venaient apporter au représentant du gouvernement français des témoignages de la plus vive adhésion.

La Chambre des notaires, renchérissant encore sur le barreau, s'écriait : « *Nos sympathies sont* « *toutes françaises.* »

Enfin une adresse de la population niçoise, un

---

pression de nos vœux, mais que chacun de nous, en déposant son vote, songe à ce qu'il doit à son pays, à la France et à l'Empereur !

« VIVE LA FRANCE !
« VIVE L'EMPEREUR !

« Donné à l'Hôtel-de-Ville, le 8 avril 1860.

« *Le syndic de la ville*,
« Av. MALAUSSÉNA.
« *J. Gioan*, secrétaire. »

[1] Voici le texte de l'adresse à l'Empereur, signée le 15 avril 1860, par les avocats de Nice :

« Sire,

« La sympathie enthousiaste qui a gagné toutes les classes de la population niçoise, à l'annonce de sa réunion à la France, a été plus vivement sentie par celle qui s'est vouée à l'étude des lois.

« Les membres du barreau de cette ville, soussignés, sont fiers d'appartenir à la grande nation qui a donné à toutes les autres la législation moderne; ils sont orgueil-

mois avant le vote, remerciait l'Empereur « de « l'immense service qu'il rendait à ce pays en le « *réunissant à la France.* »

En deux jours, cette adresse fut signée de toute la ville et la publication des noms dont elle est revêtue remplit six grandes colonnes compactes du *Journal officiel de l'Empire Français* qui les avait reproduits d'après le *Messager de Nice*. [1]

---

leux d'être sous le sceptre de Celui qui, par sa sagesse politique et le génie militaire, perpétue la gloire du plus grand capitaine et du Justinien du siècle.

« C'est à votre sagesse, Sire, et au généreux concours de vos armes que l'Italie, dont les destinées nous seront toujours profondément à cœur, devra sa liberté et son entière indépendance, comme notre pays lui doit le suprême bonheur de retourner au sein de la mère-patrie.

« Daignez agréer, Sire, l'hommage de notre reconnaissance et de notre respectueux dévouement,

« Clément BERI. — BANDINELLY. — GALLI. — MALAUSSÉNA. — ROSSI. — Séraphin NAVELLO. — Félix MARTINI. — Frédéric FARAUD. — BIANCHI. — DABRAY. — LIONS. — Ad. OURDAN. — Vincent BARRALIS. — Eloi BENSA. — Hipp. OURDAN. — Fortuné BESSY. — F. MAISSA. — L. ALLARDI. — BORRIGLIONE. »

(1) Voici le texte de cette adresse envoyée par les habitants de Nice à l'empereur :

« Sire,

« Les habitants de Nice, tout en professant la plus respectueuse sympathie pour S. M. Victor-Emmanuel, s'empressent de témoigner leur reconnaissance à Votre Majesté pour la remercier de l'intérêt qu'Elle porte à leur pays et de l'IMMENSE SERVICE *qu'Elle leur rend en les réunissant à la France.* »

Le scrutin eut lieu les 15 et 16 avril. La presque totalité des inscrits y prit part, et la presque unanimité des votants déposa dans l'urne un bulletin affirmatif. [1]

Pour donner à ce vœu, librement exprimé par la population du Comté de Nice, une consécration nouvelle, la Chambre des Députés de Turin, appelée à ratifier le Traité, y donna son approbation, à une majorité considérable.

Seulement les députés de Nice, le général Garibaldi et M. Laurenti-Roubaudi, avaient fait résistance; ils avaient épuisé leurs efforts pour que le vote fût retardé. Mais la population de Nice protesta en ces termes :

« Les électeurs de Nice déclarent désaprouver complé-
« tement la conduite de MM. les députés Laurenti-Rou-
« baudi et général Garibaldi relativement à l'Annexion
« de Nice à la France. »

Un nombre considérable de signatures furent apposées au bas de cette pièce et insérées dans le journal le *Messager*.

---

(1) *Chiffres officiels* du vote des 15 et 16 avril 1860 :

Inscrits 30,712
Votants 25,933
   Oui 25,743
   Non 160
   Nuls 30

Les autres communes du Comté imitèrent cet exemple, et le Conseil municipal de Nice, du sein duquel toute velléité d'opposition avait disparu, déclara que, « ayant présidé les quatre comités « électoraux, il pouvait attester *la sincérité et* « *la loyauté du scrutin.* » (1)

⁂

Un autre document plus important encore a été publié par le même conseil municipal : c'est le manifeste qu'il vota au lendemain du scrutin.

---

(1) Voici le texte de la protestation du Conseil communal, en date du 18 avril 1860 :

« La *Gazette de Nice*, dans le but d'amoindrir la haute importance et l'éclatante signification du vote de la ville de Nice pour l'annexion à la France, ne cessant de répéter les accusations les plus graves et les plus *déloyales* sur la manière dont les listes ont été formées et sur la manière dont le vote a eu lieu ;

« Les membres du Conseil communal, composant les quatre comités, se croient en devoir de *protester contre toute insinuation malveillante et injurieuse* et de déclarer que *toutes les irrégularités* que la *Gazette* a prétendu signaler sont *fausses et mensongères* ...

« MALAUSSENA, avocat.—Prosp. GIRARD.—M. DONAUDI. — Aug. GAL. — Abr. COLOMBO. — Jérôme VALENTINY. — Ant. BARBERIS. — E. GERBIN. — Jules BESSI. — H. BOVIS. — A. CLERISSY. — J.-B. RISSO. — V. CLERICO. — Victor TIRANTY. — Eugène ESCOFFIER. — L. ROUBAUDI. — L'abbé TRIBAUDINI. — Léon FERAUD. — Ant. BOTIN. — F. FARAUD. »

A chaque phrase sont affirmés les sentiments français de la population. ⁽⁴⁾

⊥

Voilà quelques-uns des innombrables documents, désormais historiques, incontestables, qui prouvent surabondamment l'élan spontané, l'entraînement général et irrésistible de la population vers la France.

Après avoir fait partie de la Provence pendant de longs siècles, Nice n'avait pas, en passant sous le joug de la Maison de Savoie, rompu ses traditions françaises. Elle les conserva, pendant les trois cents ans qui s'écoulèrent sous cette domina-

---

(4) Adresse du Conseil municipal, en date du 1ᵉʳ mai 1860 :

« Sire,

« Les habitants de la ville de Nice ont exprimé eux-mêmes leur volonté. A l'appel qui leur a été fait, 6,810 voix sur 6,846 votants ont librement répondu: « — Oui, nous voulons être Français. »

« La voix du roi, rappelant aux Niçois les affinités de race, de langage et de mœurs qui les unissaient à la France, et donnant libre essor à leurs anciennes et profondes sympathies pour cette grande et vaillante nation, avait préparé cette éclatante et solennelle manifestation.

« L'écho que la parole du Roi a trouvé dans les cœurs les plus fidèles et les plus dévoués à sa dynastie, a montré que les sentiments et les tendances de la population étaient d'accord avec la volonté des deux souverains et avec les intérêts des deux nations.

« Roi et peuple ayant parlé, le Conseil muni-

tion ; elle les entretint religieusement, alors même que ses princes, oublieux de leur origine, tendaient à s'italianiser. Elle en a renoué la chaîne chaque fois qu'elle a été laissée maîtresse de disposer de son sort.

A deux reprises, dans son libre choix, l'expression de sa volonté souveraine l'a restituée à la France, sa mère-patrie, qui, en tous temps, l'a couverte de sa protection et comblée de ses bienfaits.

Chaque fois que Nice a été séparée de la France, ce n'a été que par la force et sans que le vœu de ses habitants aient pu être exprimé ; ce n'a été que pour obéir aux nécessités de la politique des Cours

---

cipal de Nice, au nom d'une ville qui, depuis des siècles, porte avec honneur le titre de ville très-fidèle, vient déposer aux pieds du trône de Votre Majesté l'hommage de son dévouement et de sa fidélité.

« Daignez l'accepter, Sire. Cinq siècles d'histoire vous en garantissent la sincérité et l'inviolabilité,

« Nice sera pour Votre Majesté et ses successeurs ce qu'elle a été pour le roi Victor-Emmanuel et ses ancêtres : toujours fidèle, toujours dévouée.

« Venez, Sire, consacrer par la présence de votre auguste personne, cette pacifique conquête.

« Votre Majesté trouvera, sur notre rivage, des traces glorieuses du grand fondateur de sa dynastie qui, en 1796, prit à Nice le commandement de l'immortelle armée d'Italie et lui fit plus tard l'honneur de la ranger au nombre des bonnes villes de l'Empire.

« Que Nice puisse voir son nouveau souverain. Qu'elle puisse le voir entouré de S. M. l'Impératrice et du prince impérial, et, par l'explosion de son enthousiasme, elle saura enchaîner leur noble cœur à ce pays favorisé par la na-

et non pour donner satisfaction aux sentiments et aux intérêts des peuples.

⁂

Si, par les chances de la guerre ou par les combinaisons de la diplomatie, Nice devait être encore un jour arrachée des bras de la France, il serait facile de s'apercevoir que ce ne serait là qu'un sacrifice imposé au pays, une annexion forcée, sans l'assentiment public — tandis que sa rentrée dans la grande famille française a été une véritable restitution.

Et quoi qu'en disent les séparatistes, — en si petit nombre, du reste, dans ce pays, — si au-

---

ture et si digne de la sollicitude et des bienfaits d'un Prince puissant et généreux.

« *Vive l'Empereur !*
« *Vive l'Impératrice !*
« *Vive le Prince Impérial !* »

MALAUSSENA, *syndic*. — Jérôme VALENTINY. — Honoré BOVIS. — Prosper GIRARD. — Victor CLERICO. — Abraham COLOMBO. — André CLÉRISSY. — J.-B. RISSO. — Auguste GAL. — Fortuné FARAUD. — L. GERBIN. — Léon FÉRAUD. — Maurice DONAUDY. — Jules BESSI. — Chev. Adrien BARRALIS. — Abbé Michel TRIBAUDINI. — Antoine BARBERIS. — Victor TIRANTY. — Louis ROUBAUDY. — Eugène ESCOFFIER. — J. BRÈS. — Antoine BOTTIN. — Victor JUGE, *conseillers*. — Honoré GASTAUD *a adhéré*. — Joseph GIOAN, *secrétaire*.

jourd'hui même, — après leurs excitations, leurs prédications, leurs tentatives d'agitation, — la population était appelée à choisir entre l'Italie et la France, une immense majorité donnerait un éclatant démenti à leurs espérances.

CHAPITRE V

Le commerce se développe. — Douanes. — Travaux publics. — Impôts. — Voies de communication. — Parcimonie du régime italien. — Endiguement du Var. — Chemin de fer. — Accroissement de la fortune privée. — Contributions. — Production. — Crédit. — La population s'accroît. — Reboisement. — Embellissement et assainissement de Nice. — 64 millions. — Distinctions honorifiques.

Le retour de ce pays à la France, lors de la première Révolution, avait eu pour résultat immédiat la séparation des pouvoirs civils et ecclésiastiques. C'était déjà un progrès immense accompli; mais les bienfaits de ce changement ne devaient se faire véritablement sentir que sous l'administration habile et paternelle du magistrat à qui fut confiée pendant douze ans la direction des Alpes-Maritimes, et qui sut conquérir l'estime générale et la reconnaissance de tous [1].

---

(1) M. Du Bouchage, préfet de 1803 à 1814.

Le commerce de Nice s'étendit considérablement, à cette époque, du côté de la France, par la disparition des obstacles de fisc et de douanes qui l'entravaient ; ses relations avec les arrondissements de Grasse et de Puget-Théniers, ainsi qu'avec le Var, les Basses-Alpes et les Bouches-du-Rhône, prirent un développement rapide, tandis que ses rapports commerciaux avec la Rivière de Gênes et le reste de l'Italie restèrent à peu près nuls, comme auparavant.

Par son union avec la France, Nice se trouva, en effet, affranchie d'un tribut annuel de trois millions que le commerce local payait à la douane sarde ou française.

Si nous envisagions les travaux publics, nous verrions que le gouvernement français a fait plus pour ce pays de 1792 à 1814 et de 1860 à nos jours, que l'administration italienne pendant toute la longue période de sa domination.

Quand la France reprit possession, tout était à créer : chemins, ports, endiguements, reboisements, œuvres d'utilité publique de toute nature, hôpitaux, salles d'asile, crèches, écoles, établissements d'instruction publique à tous les degrés. Le gouvernement italien avait négligé tout cela, sollicité qu'il était par des besoins plus pressants ; à peine y avait-il dépensé *cinq millions en quarante-six ans*. Le gouvernement français y consacra *soixante-quatre millions, rien que dans les dix dernières années* pour travaux extraordinaires et en dehors de la part revenant de droit au département dans le budget de l'Etat.

⊥

Ce fait est indéniable : depuis 1814, époque à laquelle le Piémont s'est annexé ce pays, jusqu'en 1815 notamment, Nice avait été presque oubliée ; on ne l'administrait que pour en retirer de lourds impôts et les habitants les payaient avec résignation et sans compensation.

Cette première remarque s'arrête à 1851, parce que c'est à cette époque que le port-franc et les droits différentiels de transit par le col de Tende furent supprimés, en vertu de la loi du 11 juin, que nous avons déjà eu occasion de citer.

⊥

Ces franchises, solennellement stipulées dans le traité de 1388, étaient pourtant pour le Comté de Nice une condition capitale de son union avec le Piémont. En lui enlevant ces avantages, on autorisait les habitants du Comté à rompre le pacte. Mais, comme nous l'avons déjà dit, il ne fut tenu aucun compte de leurs protestations.

C'est en compensation peut-être que le gouvernement sarde, après quarante ans d'annexion, décida la création de quelques voies de communication dans les pauvres montagnes du Comté. Encore cette concession fut-elle faite d'une main parcimonieuse : la dépense urgente fut évaluée à la somme de quatre millions ; la loi du 26 juin 1853 ordonna ces travaux, mais elle en répartit les frais par moitié entre l'Etat et la province de Nice, et elle accorda un délai de dix ans pour les terminer.

C'était y mettre le temps ; il y avait, du reste, dans l'art. 3 de cette loi quelque chose qui suffisait pour faire comprendre aux gens du pays quel égard on avait à Turin pour leurs besoins les plus pressants et pour leurs réclamations les plus légitimes. Il y était mis, d'une façon assez dure, une limite aux largesses de l'Etat, puisque, dans *aucun cas,* son concours ne pouvait dépasser le chiffre de deux millions.

Cette promesse, si pleine de restrictions, ne reçut même pas son entière exécution, et lorsque le Comté revint à la France, en 1860, les travaux entrepris étaient à peu près insignifiants.

Là se borne ce que l'administration italienne a voulu faire pour ce pays. Rien que pour l'endiguement du Var, la France a déjà dépensé réellement cinq fois plus que le gouvernement sarde n'avait promis.

La France, outre les travaux accomplis par elle et sur les projets de ses ingénieurs, a achevé tous ceux ébauchés à peine par l'administration piémontaise et ce qu'elle a fait a été, en grande partie, payé sur le budget de l'Etat et même entièrement dans certains cas, comme par exemple, pour les routes du Var et de la Tinée, classées parmi les routes nationales.

⁂

Parlerons-nous du chemin de fer de Nice à Marseille, terminé depuis longtemps, tandis que celui de Gênes à la frontière demandera encore quelques années ? Ces souvenirs suffisent pour convaincre les esprits impartiaux des souffrances de la contrée pendant son annexion à l'Italie et des immenses avantages qu'elle a recueillis de son retour à la France.

⁂

Les améliorations considérables dues à la sollicitude de l'administration française ont eu une influence favorable sur la fortune privée. C'est ainsi que les propriétés foncières ont augmenté de valeur dans des proportions inespérées. Les terrains et les maisons, dans la ville et dans les environs, ont acquis des prix très-élevés ; la bourgeoisie niçoise en a profité largement par la vente de ses biens immeubles qui étaient d'une valeur inférieure sous le régime sarde.

Le bien-être se répandit ainsi dans toutes les classes ; et le petit commerce, stimulé par une concurrence plus grande, mais encouragé aussi par des ventes plus nombreuses, profita des bénéfices qui ont été la conséquence naturelle de l'augmentation de la population, de l'affluence plus considérable des étrangers et des familles françaises pendant la saison d'hiver, affluence qu'attirent et qu'attireront de plus en plus les améliorations qui sont dues à la France.

Les profits sont donc devenus plus grands et les charges moins lourdes, car les contributions n'ont pas augmenté sensiblement et pas surtout dans le rapport des produits ; elles ont, en outre, été réparties plus équitablement qu'avant 1860.

Pour les mieux asseoir, le cadastre a été entrepris et s'est poursuivi sans relâche ; cette opération, si difficile et si compliquée dans un pays de montagnes, sera bientôt entièrement terminée.

A l'allégement des charges que des profits plus abondants font supporter plus facilement, il faut ajouter l'exemption de celles qui eussent frappé la population si la contrée fut restée à l'Italie. On n'a pas eu à subir le droit sur la mouture, qui établit une taxe sur le pain, la nourriture du pauvre ; ni l'impôt sur les revenus publics, qui atteint le riche dans sa fortune. On n'a pas vu circuler ces valeurs fiduciaires sans garantie, ces billets papier-monnaie de un franc et de cinquante centimes qui accusent la pénurie du trésor et qui infestent les villes et les campagnes de l'Italie.

Les ressources du crédit se sont, au contraire, développées, et sous cette heureuse influence, la production a pris un essor qui a dépassé toutes les prévisions.

⚓

Qu'on nous permette de nous appesantir un moment sur ce sujet. Pendant les quarante-six ans qui se sont écoulés de 1814 à 1860, le mouvement du commerce et de l'industrie avait très-peu d'importance, et les ouvriers du pays étaient obligés de s'expatrier pour chercher du travail, notamment en France, tandis que d'autres habitants, même parmi la classe moyenne, cédant au besoin de s'ouvrir une carrière, émigraient, vers des pays lointains.

On est frappé d'admiration si l'on compare cet

état misérable au merveilleux développement que le retour à la France a suscité à Nice.

La population a augmenté de plus d'un tiers en dix ans, ce qui fournit la preuve que les habitants n'émigrent plus et, en outre, que les avantages qu'offre le pays y attirent des hôtes nouveaux.

⚓

Les montagnes dénudées ont été reboisées et ainsi se trouveront arrêtées les inondations et les éboulements dans les rivières, qui avaient pour résultat la diminution de superficie du territoire arable et, par conséquent, des cultures en céréales, ces véritables richesses du paysan.

⚓

Dans les campagnes, les chemins ont été construits et ont relié les localités qui, quoique voisines, n'avaient pu, pendant des siècles, avoir entre elles des relations fructueuses, faute de facilité de communication.

⚓

Une œuvre colossale, entreprise par des compagnies françaises, sous les auspices du gouvernement français, a été menée bien près de sa fin :

nous voulons parler de l'endiguement du Var, qui mettra les populations riveraines à l'abri des désastres dont les menaçait le torrent et qui livre déjà et livrera bientôt encore à l'agriculture des surfaces de terrain d'alluvion.

⁂

Les travaux d'utilité publique, d'embellissement et d'assainissement ont transformé Nice et en font la rivale incomparable de beaucoup d'autres stations hivernales.

Des associations se sont formées pour doter cette ville de l'eau qui lui manquait; déjà elle a, en abondance, ce qui lui est nécessaire pour les usages domestiques; bientôt les flots de la Vésubie, détournée de son cours, apporteront la fécondité dans les campagnes et la salubrité dans la ville.

⁂

Si les étrangers affluent dans le pays, attirés par la douceur du climat et plus encore par les agréments que dix années de l'influence française y ont ajouté, on remarque que le concours des Italiens ne vient rien ajouter aux éléments de cette prospérité. Les Italiens qui viennent à Nice sont de malheureux journaliers à la recherche d'un travail qui leur manque dans leur pays. Ceux qui pourraient apporter des capitaux délaissent Nice aujourd'hui comme avant 1860. Ce sont les Français qui y viennent en foule apporter leurs capitaux, les employer, utiliser leur activité, leur esprit inventif et entreprenant, et y convier les habitants indigènes, par l'exemple qu'ils leur donnent, à la fusion des sentiments fraternels par la fusion des intérêts.

⁂

Ce sont des Français, pour la majeure partie, qui ont aidé à la transformation de la ville, à l'édification des ponts, des églises, des squares et des maisons somptueuses qui garnissent les rues nouvelles et les boulevards. Ce sont eux qui de rochers arides ont fait des corbeilles de fleurs ; qui ont couvert de villas tous les coteaux des alentours ; qui ont métamorphosé l'abrupte Mont-Boron et qui déjà gagnent les flancs du Mont-Alban.

La pioche, le marteau et la truelle démolissent et reconstruisent sans relâche. Les ateliers, les chantiers, sont, sur tous les points, en pleine activité. Le prix de la main-d'œuvre augmente et il y a du travail pour tous les bras, sans distinction de nationalité. Plus d'émigration pour le paysan, plus d'exil pour l'ouvrier des villes : Nice fait face à tous les besoins ; Nice a du pain pour tous ses enfants.

Mais il n'était pas possible que le retour de cette contrée à la France s'opérât sans quelques froissements d'intérêts. Ce sont, il est vrai, choses bien secondaires, mais que notre résolution d'impartialité ne nous permet pas de passer sous silence. Ainsi, par exemple, quelques petites maisons de commerce avaient une clientèle parmi les populations de la Rivière de Gênes pour l'écoulement de certains produits : l'établissement de la douane italienne à l'extrémité du département a entravé leurs opérations. D'autre part, quelques offices ministériels, études d'avoués et de notaires, ont été supprimés, attendu leur trop grand nombre, sans indemnité ou avec une indemnité insuffisante. Les procès déjà instruits en appel ont dû être instruits de nouveau à Aix.

En compensation de ce préjudice causé à quelques intérêts privés, que d'avantages réalisés par d'autres : ainsi les officiers ministériels qui n'étaient, sous le régime sarde, que de simples fonctionnaires, acquièrent le droit de propriété et de transmission de leur charge comme dans le reste de la France.

L'administration française confirma aux habitants le privilége de l'exemption d'impôts pendant quinze ans pour toute construction nouvelle,

— quoiqu'il ne fût pas besoin de ce stimulant que l'administration sarde avait dû employer — et elle assurait aux constructeurs un droit au remboursement des sommes proportionnelles perçues par l'Enregistrement sur les contrats d'acquisition.

⚓

Combien de détails n'avons-nous pas oubliés, dans cette rapide énumération. Nous avons voulu indiquer seulement le tableau des améliorations amenées par la France et les Français, sans nous dissimuler, du reste, qu'il est fort incomplet et qu'il exigerait de nouveaux développements.

Nous nous sommes bornés à ceux qui précèdent, parce qu'ils nous ont paru suffisants pour le but que nous nous proposons d'atteindre. En présence des chiffres sur lesquels nous appuyons nos raisons et qui justifient nos déductions, on acquiert la conviction que l'élément et les capitaux Italiens n'ont jamais eu aucune influence sur la prospérité de Nice, tandis que l'élément Français y a constamment apporté la prospérité et la richesse.

⚓

Nous avons le droit d'ajouter que l'influence de

ce dernier élément ne s'est pas exercée seulement sur les choses matérielles et qu'elle a contribué, dans une large proportion, à la moralisation et à l'instruction des masses.

A ceux qui le nieraient, il suffirait d'opposer les dossiers judiciaires et de mettre, sous leurs yeux, le relevé des jugements prononcés par les tribunaux correctionnels et des arrêts de cour d'assises, en répression des attentats aux personnes et contre les propriétés; ils y verraient que l'élément français y entre proportionnellement pour une faible part et que l'élément italien fournit, à lui seul, près d'un tiers de la population de nos prisons.

Une publication récente a mis en lumière, par les procédés de la statistique, toutes ces vérités; [1] elle a établi, d'une façon qui n'a pas été et qui ne peut pas être sérieusement contestée, le chiffre des dépenses faites par l'Etat français pour les arrondissements de Nice et de Puget-Théniers, pendant la période de 1860 à 1870. Cette étude consciencieuse a reçu de son auteur des développements qui ne peuvent entrer dans le cadre restreint que nous nous sommes tracé. Nous n'avons qu'à résumer ses chiffres à nos

---

(1) *Le Comté de Nice depuis l'annexion*, par A. Alziary de Roquefort.

pièces justificatives et à en tirer quelques réflexions. [1]

La récapitulation des dépenses faites par la France, dans l'ancien Comté de Nice, pour les dix années à partir de 1860, s'élève à près de *soixante-quatre millions*.

Sur cette somme énorme, le chemin de fer figure pour près de quarante millions. On a critiqué vivement cette façon de compter; pourtant, les chemins de fer appartiennent à l'Etat et les

---

[1] Récapitulation des dépenses faites à Nice et dans l'ancien Comté par la France depuis 1860 jusqu'à 1870 :

Routes nationales...................................... Fr.	4.707.487 19
Entretien des routes nationales...............	2.092.736 64
Routes consortiales................................	1.693.767 »
Endiguement de la rive gauche du Var........	7.396.754 23
Endiguements divers, y compris celui de la rive gauche du Paillon..........................	308.459 74
Ports et phares..	1.087.515 50
Chemins vicinaux.....................................	455.241 49
Chemins de fer..	39.955.671 69
Génie militaire..	782.450 »
Manufacture des tabacs............................	427.615 »
Banque de France....................................	300.000 »
Reboisement et regazonnement des montagnes..	320.224 »
Subvention de l'Etat pour acquitter les dépenses départementales........................	2.000.000 »
Subvention de l'Etat pour le lycée de Nice....	300.000 »
Subvention pour les maires.......................	48.046 10
Secours pour les maisons d'école................	406.295 »
Secours pour les églises et presbytères........	325.920 »
Travaux du Lazaret de Villefranche............	89.000 »
Cadastre..	500.000 »
Dettes consortiales..................................	672.000 »
Total................Fr.	63.869.183 58

compagnies n'en sont que concessionnaires pour un temps déterminé. L'Etat entrera un jour en leur possession et il est juste de les faire figurer à son actif.

Il résulte aussi du travail en question que la ville de Nice, à elle seule, a absorbé, dans ce total de soixante-quatre millions, près de vingt millions, c'est-à-dire à peu près le tiers.

⚓

Veut-on bien remarquer, en outre, que ces munificences pécuniaires n'empêchaient pas les autres faveurs et les largesses sans nombre du gouvernement français envers les établissements publics et hospitaliers, comme aussi envers les personnages distingués de la contrée et envers les fonctionnaires originaires du pays. Tous les Niçois trouvés en place à l'époque de la réunion à la France et qui ont opté pour la nationalité française, ont été conservés dans leur poste ; la plupart y ont obtenu, quand cela a été possible, un équitable avancement ; d'autres, en assez grand nombre, ont été l'objet de distinctions honorifiques. Il n'est peut-être pas de département en France qui ait été aussi bien partagé sous ce rapport ; il n'en est certainement pas où la croix ait été répandue avec autant de profusion.

⚓

Les chiffres officiels sur lesquels nous nous appuyons démontrent enfin que les sommes dépensées dans le pays, pour le compte de divers ministères, ont toujours été jusqu'ici supérieures de plusieurs centaines de mille francs par an au montant des contributions directes et indirectes, enregistrement, domaines, forêts, postes, tabacs, impositions de tous genres. [1]

---

(1) A propos de la Douane, voici un tableau qui prouve que, quoique les droits fussent plus faibles aujourd'hui qu'en 1860, il y a eu progression constante, par le mandement d'une plus grande quantité de marchandises.

DROITS DE DOUANE PERÇUS PAR LA PRINCIPALITÉ DE NICE DEPUIS L'ANNEXION DE CE PAYS A LA FRANCE		OBSERVATIONS
15 juin. — ANNÉE 1860	87,099 67	Les droits de douane qui figurent dans le tableau ci-contre portent surtout sur les veaux, les porcs, la viande salée, le fromage, le stochfisch, le blé et farine de froment, le riz en grains, les pâtes d'Italie, les caroubes, l'huile d'olive, la houille crue, le fer, les vins, les tissus de laine et chapeaux de paille, ainsi que sur les ouvrages en matières diverses.
— 1861	275,471 73	
— 1862	427,292 62	
— 1863	348,738 23	
— 1864	181,398 23	
— 1865	220,280 06	
— 1866	200,718 16	
— 1867	314,010 98	
— 1868	315,770 34	
— 1869	267,334 77	
— 1870	311,832 53	
1er trimestre de 1871	162,604 58	
162,604 58 × 4 = 950,418 32		Les principales marchandises que Nice italienne tiraient de la France étaient, avant tout, les denrées coloniales, les savons, les vins et les esprits, ainsi que tous les principaux objets de mode, de luxe ou de fantaisie et les espèces médicinales. La douane de Nice, sous le régime sarde, donnait une recette de 5 à 600,000 fr. montant des droits que l'on percevait principalement sur les blés venant de Russie, sur les stochfischs, huiles et vins des provinces napolitaines et spécialement sur les tissus de toute espèce venant à Nice en port-franc de Gênes avec acquit à-caution.

Ceux qui demandent aujourd'hui, à grands cris, la séparation, se sont-ils bien exactement rendu compte de cette situation ? Est-ce bien de bonne foi qu'ils peuvent prétendre que la France, en réunissant à son territoire le Comté de Nice, a fait une excellente affaire et s'est enrichie en rentrant en possession d'une contrée qui avait été si longtemps délaissée dans sa misère.

On a vu, par ce qui précède, ce que la France a fait de ce pauvre pays de montagnes. Les actes sont là et leurs résultats sont palpables et avérés. Nul ne songe à les contester, mais on s'étudie à les dénaturer, on s'efforce d'égarer les esprits et l'on paie les bienfaits les plus éclatants par la plus noire ingratitude.

CHAPITRE VI

Nice italienne. — Minorité et Majorité. — Double question. — Prétendus avantages de la séparation. — La Cour. — Avocats et Avoués. — Législation. — Hérédité des filles. — Contrats de mariage. — Les Cultes. — Intolérance. — Triste condition du clergé. — Instruction publique. — Ecoles primaires. — Etablissements secondaires et supérieurs. — Le Lycée. — Les Cours publics. — Prospérité locale. — La Douane.

Après avoir fait, aussi fidèlement que possible, le tableau des avantages que le pays de Nice a retirés de sa réunion à la France, il convient d'étudier, les résultats que pourraient avoir, au point de vue de sa prospérité, sa séparation nouvelle et les diverses solutions :

Nice italienne,

Nice libre.

Ces deux hypothèses nous serviront de point de comparaison fort instructif quand nous les mettrons en regard avec la situation de la Nice française que nous venons de retracer.

Et d'abord on se demande comment, devant la prospérité de la Nice française, il a été possible seulement de songer à une séparation. Il a fallu pour cela un concours de circonstances exceptionnelles, une guerre désastreuse, l'état critique d'une grande nation, un changement de gouvernement et le renversement d'une dynastie, et enfin les fautes d'une administration locale qui, pour des causes que nous déduirons plus tard, ne se rendait pas un compte exact de l'esprit du pays ou qui ne voulait pas se donner la peine de calmer son agitation.

Nous toucherons plus loin à ce sujet délicat ; dès à présent, avant de nous y engager, nous nous hâtons de dire qu'il ne faut pas exagérer l'importance de cette agitation. Un fait qui frappe tout d'abord l'observateur, c'est qu'elle s'est circonscrite dans les rangs d'une seule classe de la population niçoise et que rien de semblable ne s'est fait remarquer parmi les paisibles habitants des arrondissements de Nice et de Puget-Théniers.

En veut-on l'explication ? Voici celle qui nous paraît la plus plausible.

C'est à Nice surtout que le gouvernement sarde

a exercé son action; nous avons vu combien il avait négligé les campagnes. Par esprit politique, il concentrait dans Nice, non pas ses ressources dont il n'a jamais été prodigue, mais son influence autoritaire dont il a fait souvent abus. Son système étant de chercher à enlever, à détourner les sympathies qui se portaient vers la France, il écartait, autant qu'il le pouvait, l'élément français qu'il redoutait; et par sa tactique, que ses partisans n'ont pas encore complétement abandonnée, il a pu créer, dans une certaine partie de la population, un noyau d'opposition qui existe encore et qu'il faudra du temps pour détruire complètement.

Il y a quelque chose de factice et, par conséquent, d'essentiellement temporaire dans cette situation. L'intérêt, d'ailleurs, s'en est mêlé; il a rendu plus étroits les liens d'affection que certaines familles ont conservés pour l'Italie, et que des gens habiles exploitent à leur profit.

Quoique le retour à la France ait été voté à la presque unanimité, il est resté une minorité de dissidents qui ont opté pour la nationalité italienne et de mécontents qui n'ont pas tiré de leur nationalité nouvelle tout ce que leur ambition en attendait.

Il a persisté, au fond du cœur de certains d'entre eux, une arrière-pensée qui n'est pas éteinte laquelle s'est traduite d'abord par un malaise de mauvaise humeur, ensuite par une opposition sourde, et enfin par une hostilité flagrante ; tout cela, il est vrai, dans un groupe peu nombreux, mais qui suppléait au nombre par sa turbulence, devenue, dans ces derniers temps, de l'audace.

⁂

Qu'eût-il fallu pour couper le mal dans sa racine ?

La fusion, que tout le monde désirait et reconnaissait nécessaire, ne dépendait que du choix des administrateurs que la France allait, dès le principe, déléguer à Nice. Il fallait de la fermeté dans la justice ; il fallait limiter la conciliation aux exigences de la politique ; il fallait, en un mot, que les influences gouvernementales et locales ne fussent pas en conflit.

Etait-ce une difficulté insurmontable ? Non. Un peu de tact et de résolution d'un côté, beaucoup de franchise et de bonne volonté de l'autre, auraient suffi à la besogne ; mais avant tout il était indispensable de renoncer aux luttes d'influence ; il eût fallu s'attacher à travailler de concert à l'apaisement des esprits.

⁂

Laissant toute question de personnalité en dehors du débat, nous pouvons parler librement et dire combien les représentants de l'autorité ont été, selon nous, imprévoyants ou coupables.

Volontairement ou non, leur façon d'agir a peut-être encouragé ce groupe qui suscite toutes les oppositions, qui crée tous les embarras et qui, finalement, au jour des revers, a exploité toutes natures de sentiments hostiles, au profit de cette idée de séparation, préconisant aux uns le retour à l'Italie, aux autres l'autonomie du pays, comme les deux solutions entre lesquelles il fallait chercher des avantages nouveaux que la France ne pouvait plus donner.

⊥

Voilà les deux termes extrêmes du problème qui a été posé dans les temps les plus récents et c'est à leur examen que nous allons nous livrer.

Afin de ne pas nous écarter du but spécial de cette étude, nous nous bornerons à discuter ces deux points, d'abord en vue des intérêts locaux, et, en second lieu, en vue des rapports soit avec la France, soit avec l'Italie, soit avec les autres nations.

⊥

La première question qui se présente est celle-ci :

« — Quel est l'avantage que Nice retirerait d'une séparation nouvelle de la France et d'une annexion à l'Italie ? »

On le chercherait en vain.

Il n'est pas possible, en effet, de prendre au sérieux les considérations secondaires que l'on a mises en avant. Les examiner suffira pour les détruire.

On a prétendu que le premier avantage serait la création à Nice d'une cour d'appel, espèce de restauration de ce qui existait autrefois.

C'est là un intérêt particulier sans grande valeur ; on ne voit pas qui pourrait y gagner ; seraient-ce les plaideurs ? seraient-ce les avocats et les avoués ?

On soutient que ceux-ci auraient une somme d'affaires plus importante. La comparaison de l'état ancien à l'état actuel prouve qu'il n'est pas nécessaire d'avoir une Cour à Nice pour que le nombre des affaires augmente.

Si la proportion en devenait si considérable qu'elle dût justifier la création d'une Cour, il ne serait pas nécessaire pour cela de changer de nationalité. Les officiers ministériels, depuis 1850, ont vu augmenter de beaucoup la valeur de leurs cabinets ; la suppression de la Cour ne leur a donc pas nui et il est peu probable que son rétablissement leur serait d'une grande utilité.

Quant aux plaideurs, il est vrai que les procès en appel les obligent maintenant à des déplacements ; mais ne trouvent-ils pas une large compensation dans la simplification de la procédure, dans la rapidité des formes qu'elle a revêtues sous la loi française qui, de l'aveu des jurisconsultes, amène une plus prompte solution des affaires.

Que reste-t il donc de cette prétention ? Rien.

L'intérêt particulier des avocats et des avoués ne peut, en tout cas, s'il existait, l'emporter sur l'intérêt des clients.

Mais qu'ont-ils, d'ailleurs, à se plaindre? Les avocats non plus que les avoués n'en ont le droit. Les affaires civiles et commerciales ont suivi la progression de la population.

Ne peuvent-ils, après tout, se consoler, les uns en comptant l'augmentation de leurs dossiers, les autres en usant de leur droit d'aller plaider leurs affaires eux mêmes devant la Cour d'Aix.

⁂

Mais, en y regardant de plus près, est-ce que le retour à l'Italie ne serait pas contraire à l'intérêt des avoués ? Supposons que la Cour d'appel ait son siége à Nice. N'est-il pas certain que les officiers ministériels perdraient, par l'annexion, la propriété de leur charge, et le droit de transmission accordée par la loi française et que la loi italienne leur enlèverait.

Ils ne seraient plus, comme autrefois, que des simples fonctionnaires. La différence est énorme ; la fortune de chacun d'eux serait ébranlée par cette transformation. Leur intérêt véritable est dans le maintien de l'état actuel.

On a fait valoir aussi que le changement de législation ne permettrait plus aux filles d'arriver au partage de la succession des ascendants à égalité de droits avec les mâles, comme cela se pratique en France et qu'elles n'auraient plus que leur simple légitime au lieu d'une part héréditaire.

A défaut de contrat de mariage ayant précédé son union, la femme ne se trouverait plus commune en biens et ne participerait pas à la fortune du mari.

Mais ces raisons nous semblent des arguments contre la thèse au nom de laquelle on les invoque. L'égalité dans le partage des successions est un principe d'équité contre lequel il ne devrait pas être permis de se révolter.

Si, en vertu de ce grand principe d'égalité qui domine dans la loi française, les filles prennent une part égale dans la succession de leurs auteurs, les pères et mères n'ont-ils pas toujours le droit de distraire de leurs biens la quotité fixée par la loi.

Si la communauté de biens, d'autre part, ne convient pas aux futurs époux, qui les empêche de faire dresser, avant le mariage, un contrat qui règle les conditions civiles de leur union. Ceux qui le négligent ne peuvent s'en prendre à la loi.

Voilà les deux seules différences saillantes entre les législations française et italienne. D'où vient qu'il n'en existe pas d'autres. C'est que la législation italienne dérive de la législation française et que le Code civil italien n'est, presque partout, que la copie du Code civil français.

Il faudrait, on l'avouera, de meilleures raisons pour amener une séparation nouvelle.

Ces questions de législation sont, d'ailleurs, indépendantes des questions de suprématie ; car le jour où la supériorité d'un système juridique est bien démontrée, la réforme ne tarde pas à s'accomplir, parce qu'alors elle répond à des besoins réels.

Nous ne pouvons donc nous arrêter plus longtemps à des objections qui n'ont pas de côté sérieux. Ce n'est pas par là qu'on ébranlera l'autorité de la France, parce que la France peut faire sous ce rapport, comme sous beaucoup d'autres, infiniment mieux et plus que l'Italie n'a jamais fait et ne fera jamais.

⊥

Ceux qui recherchent la solution des questions religieuses ne sont pas moins intéressés à repousser tout retour de Nice à l'Italie.

Nous ne parlons pas de Rome, sujet d'inquiétude et de trouble pour les consciences catholiques, qui voient descendre la métropole du monde spirituel au rang de capitale d'un royaume que ses ennemis jugent encore vacillant sur sa base.

Combien de scrupules se soulèvent à la pensée d'entrer en solidarité avec un Etat qui accomplit, pour les besoins de sa politique, un pareil sacrifice.

Mais, laissant à l'écart ce côté redoutable de la question italienne, restreignons nos observations au sort très-différent réservé aux cultes, sous le régime sarde ou sous le régime français.

⊥

Avant 1860, la liberté de conscience était complètement ignorée et méconnue à Nice.

La religion catholique était religion d'Etat. Tous les autres cultes ne comptaient pour rien ; ils n'avaient droit à aucun égard, à aucune protection, heureux encore lorsqu'ils n'étaient pas bafoués et persécutés. Leur exercice était à peine toléré ; on le soumettait à des vexations sans nombre.

Le culte protestant surtout était l'objet d'une suspicion injurieuse.

La religion de Moïse, émancipée par un décret de Charles-Albert, avait à souffrir, de la part d'agents responsables, du pouvoir, certaines exceptions aussi humiliantes que contraires à l'esprit et à la lettre du Statut.

La Constitution sarde, qui était ou paraissait être une garantie des droits de tous les citoyens, était, à l'égard des juifs, faussée dans tous ses effets. Le caprice des autorités suffisait pour suspendre, vis-à-vis des israélites, les bienfaits de l'égalité civile.

Les conséquences de cet état de choses étaient funestes, et elles paraissaient devoir se prolonger indéfiniment.

Ceux qui en étaient victimes dans leur personne avaient aussi à les subir dans leur génération, car les colléges et les écoles spéciales étaient, en Sardaigne, inaccessibles à leurs enfants.

Il avaient même à en gémir jusque dans leur sécurité conjugale ; car, d'après la législation appliquée avant le retour de Nice à la France, l'un des conjoints, en se convertissant au catholicisme, pouvait rompre ses liens et contracter une nouvelle union sans encourir l'accusation de bigamie.

La France, en apportant dans ce pays le grand principe de l'égalité devant la loi, y a, du même coup, proclamé la tolérance religieuse.

Elle l'a appliquée à tous indistinctement, sans distinction de croyance.

Elle a inauguré, pour les consciences opprimées jusqu'alors, cette liberté religieuse qui assure la paix des âmes et qui, sans porter atteinte aux droits de la raison, permet et protége toutes les professions d'une foi sincère.

Il n'en était pas ainsi sous le régime sarde, et la religion catholique elle-même, tout en paraissant l'objet d'une protection spéciale, et quoique, en effet, soumise à des traitements moins durs, n'avait guère plus à se louer des procédés de l'administration italienne.

Il y avait peut-être des apparences trompeuses

et quelque affectation dans les démonstrations d'un faux zèle, mais il n'y avait aucune sincérité dans les rapports, aucune équité dans la répartition des faveurs, aucune garantie enfin pour les humbles et dévoués serviteurs de l'Eglise.

⁂

La condition des membres du clergé catholique, dans le diocèse de Nice, était, avant 1860, inférieure à celle des fonctionnaires de la dernière classe.

Sans chercher tout au bas de l'échelle de la hiérarchie, notons que leur situation était au-dessous de celle des préposés de douanes, et même des geôliers de prison qui, eux du moins, touchaient des appointements suffisants et avaient droit, après un temps de services déterminé, à des pensions de retraite.

⁂

Un prêtre, sous le régime sarde, était le fonctionnaire le plus maltraité de tout l'Etat.

Il en était réduit à succomber sous le fardeau d'un sacerdoce qui lui fournissait à peine les moyens de subsistance les plus indispensables.

Mal rétribué pendant le temps de son exercice; n'obtenant, pour ses besoins les plus pressants, que quelques maigres secours arrachés à grande peine sous une forme souvent honteuse et humiliante; abandonné, dans sa vieillesse, à ses douleurs, à ses privations, à ses infirmités; mourant enfin, — s'il avait quelque dignité — dans l'ombre et la détresse; ou se résignant, à bout de patience et d'abnégation, à aller expirer sur quelque grabat d'hôpital.

Que voulez-vous qu'un desservant d'une paroisse de nos montagnes fît avec son traitement souvent au-dessous de 300 francs, et n'excédant jamais 400 francs annuellement ?

Les nécessités d'une vie, si modeste qu'elle soit, l'aumône due aux indigents trop nombreux dans ces contrées, les cas imprévus de maladie chez les pauvres ou au presbytère, n'était-ce pas plus qu'il n'en fallait pour tout absorber ?

Nous ne parlons pas d'autres obligations non moins impérieuses, des devoirs de famille, des tributs levés par la parenté et surtout des charges imposées par la nature pour l'acquit de la dette contractée par la piété filiale.

Etait-ce un état supportable ? Et voudrait-on y ramener le clergé de ces contrées ?

Il a recueilli d'incontestables bienfaits du retour de Nice à la France; il y a trouvé, dès le premier jour, un traitement convenable, une considération plus grande, des conditions de bien-être matériel et moral qui n'ont fait que s'accroître depuis dix ans.

Nous ne croyons pas qu'il l'oublie jamais et qu'il veuille y renoncer.

Il ne peut oublier surtout que le prêtre aujourd'hui,—sous le régime français,— est assuré, non-seulement de vivre honorablement, exempt de cette lutte quotidienne contre la misère et les privations, mais encore qu'il est sûr de mourir en paix, avec une pension de retraite qui n'est pas une aumône humiliante, mais une juste récompense d'une existence sigalée par la vertu et le sacrifice.

⁂

La loi française protége la fin de cette sainte carrière, comme elle en protége les débuts.

Le néophyte, au fond de son séminaire, n'a pas à redouter que l'impitoyable loi de la conscription piémontaise vienne l'arracher à ses pieuses méditations. Le jeune lévite, à son entrée dans le sacerdoce, jouit de l'immunité qui lui était refusée sous le gouvernement sarde, et qui s'étend, sous le régime français, jusqu'aux hommes qui, sans entrer dans les ordres, se consacrent à l'instruction du peuple.

Pour ces derniers, la loi prescrit, moyennant un engagement décennal, que l'exemption du service militaire soit acquis même aux élèves de l'école normale et au professorat de l'instruction secondaire.

Ce sont là des avantages que l'on ne peut méconnaître et que l'on n'est pas disposé à abandonner pour des biens fictifs. On en sent mieux le prix chaque jour et leur importance n'est pas plus affaiblie par la comparaison du présent que par les souvenirs du passé.

⊥

Mais poursuivons cette étude des conséquences qu'a eues dans les autres branches de l'administration le retour de Nice à la France et, puisque nous venons de parler des membres de l'enseignement, voyons ce qu'était l'instruction publique avant 1860 et ce qu'elle est devenue depuis.

⊥

Il résulte de documents authentiques que l'instruction publique était, il y a dix ans, dans l'état le plus déplorable, non-seulement par tout le comté, mais dans la ville même de Nice.

Pour peu qu'on remonte au-delà encore, — en 1848, par exemple, — tout était pour ainsi dire à créer. Le gouvernement sarde, fort peu sensible à cet endroit, s'en était pourtant ému, et dérogeant à ses habitudes de parcimonie vis-à-vis de ce pays d'outre-monts, il avait tenté d'y appliquer une législation progressive, presque analogue à la loi française de 1850.

⊥

C'est en vertu de ces dispositions qu'il avait ordonné la création d'une école publique par commune et qu'il avait établi la distinction de quatre catégories d'écoles : deux primaires et deux supérieures. On avait, en même temps, rédigé des programmes dont l'exécution, pensait-on, devait assurer la réussite de cette réforme.

Les écoles devaient être accessibles à tous et la gratuité de l'enseignement absolue.

Il y avait même un projet d'enseignement d'écoles normales, sous le contrôle d'un inspecteur primaire résidant au chef-lieu et de proviseurs choisis parmi les notables cantonaux, auxquels on attribuait un traitement annuel.

C'étaient des vues excellentes en principe, mais dont l'application fut toujours imparfaite. Lors du retour du pays à la France, il n'y avait pas d'écoles publiques de garçons dans un grand nombre de communes, et les écoles publiques de filles n'existaient que dans certains grands centres.

Ces écoles étaient, d'ailleurs, sans subsides de l'Etat. Leur situation matérielle était triste et insuffisant. *Quatorze* communes seulement sur *quarante-sept*, dans l'arrondissement de Nice, étaient propriétaires de leurs salles, et *quarante-et-une* seulement sur *soixante-deux* avaient un mobilier quelconque, la plupart du temps inconvenant et délabré.

Le traitement de l'instituteur était à la disposition de la commune et voté par elle.

La rétribution scolaire était remplacée par la *minervale*, sorte de redevance annuelle dont le taux n'excédait pas *deux francs cinquante centimes* par élève.

Le droit de nommer et de révoquer les instituteurs appartenait aux conseils municipaux, système qui avait prévalu en France de 1833 à 1850 et qui a été condamné par ses effets.

⁂

En cette situation, les inspecteurs primaires, établis dans les arrondissements réunis à la France en 1866, eurent à se livrer à un travail et à des tournées pénibles, afin d'éclairer l'administration française sur les mesures à prendre pour assurer le développement plus rapide et plus efficace de l'instruction publique.

Il y eut alors, malgré certaines résistances aveugles, de nombreuses mutations dans le personnel et des améliorations dont on ne ressentit les effets que plus tard.

Dès les premiers mois de 1861, cependant, les écoles, constituées sérieusement partout, fonctionnaient avec régularité.

⁂

On ne tarda pas à constater les conséquences heureuses de cette impulsion énergique donnée à l'instruction populaire. On remarque que la population des écoles s'accrut presque aussitôt.

Les locaux livrés par le gouvernement sarde, dans un dénuement presque absolu, furent largement dotés ; beaucoup de municipalités, secondant l'initiative de l'administration française et stimulées par elle, consacrèrent à cette partie leurs ressources disponibles.

Les travaux de construction et d'appropriation se succédèrent et il y fut pourvu par des allocations de l'Etat

Quant aux élèves, on constata l'augmentation rapide de leur nombre et leur fréquentation plus régulière et plus prolongée.

⁂

Que l'on compare cette situation de 1862, qui était déjà un progrès, avec l'état où l'instruction publique avait été réduite sous le régime sarde ; comparons-la surtout avec la situation actuelle, et nous reconnaîtrons combien l'influence de la

France a donné d'essor à cette partie essentielle de la vitalité populaire.

Regardons aussi dans les sphères plus inférieures encore : l'établissement des salles d'asile, des garderies, des crèches avec les développements qu'elles comportent, est dû à la France.

Mais c'est là de l'éducation populaire basée sur la charité ; ce n'est plus de l'instruction proprement dite, et nous ne voulons pas nous écarter de cette dernière branche de l'administration.

En suivant cet ordre d'idées, il nous sera permis de remonter plus haut et de signaler, — ne fût-ce qu'en passant, — les cours d'adultes, ces agents actifs de moralisation et de perfectionnement de l'instruction primaire, — et les écoles normales, — ces pépinières de maîtres dévoués, intelligents, infatigables, qui, après s'être nourris des bons principes, vont les répandre partout comme la semence de cette moisson que l'avenir fera mûrir.

Ce qui est acquis, par les preuves à l'appui, c'est l'immense progrès accompli dans le territoire restitué à la France ; c'est, en résumé, la supériorité indiscutable de l'influence française qui n'a rien trouvé de fait et qui, ayant tout à créer, a tout créé.

⁂

Nous arriverons à la même conclusion, si nous abordons l'enseignement secondaire et supérieur.

Le Comté de Nice n'avait, avant 1860, que trois colléges. Le Collége national de Nice pouvait seul être considéré comme un établissement de quelque valeur; ceux de Sospel et de Menton avaient fort peu d'importance; il fallut même, en 1863, créer en quelque sorte à nouveau ce dernier dont la décadence était sensible.

⁂

Mais ne nous attachons qu'au Collége national de Nice.

Avant 1860, cet établissement ne comptait guère que *cent* à *cent vingt* élèves de latinité et *soixante* à *soixante-dix* internes.

Dès la première année de la formation du Lycée, par l'administration française, ces chiffres avaient doublé; cette progression s'est continuée et le Lycée, en 1868, comptait plus de *six cents* élèves.

⁂

Nous n'ajoutons plus qu'un mot et il a trait à l'enseignement supérieur. Avant le retour de Nice à la France, déjà l'influence française avait pénétré dans cette branche de l'instruction publique. Des cours et des conférences avaient été inaugurés, en dehors de tout patronage officiel et par la seule et généreuse initiative de quelques professeurs émérites, encouragés et soutenus par le sentiment public.

Nous ne citerons que le nom de deux de nos amis qui ont laissé de durables souvenirs à Nice : M. Frédéric Passy et M. Dameth, initiateurs, et précurseurs des cours publics inaugurés depuis sous les auspices de la municipalité.

Qui ne se souvient du succès de leurs leçons et qui ne leur est reconnaissant à Nice du désintéressement avec lequel ils ont déployé, dans nos chaires libres, leur science profonde.

⁂

Nous nous sommes quelque peu étendu sur l'intruction publique, parce que c'est là, selon nous, le critérium de la valeur réelle du pays.

Il nous serait facile de démontrer de même la supériorité de l'action de la France sur la prospérité locale, si nous nous livrions à un examen attentif de l'état comparé du temps présent avec le passé, dans le domaine de l'agriculture, de l'industrie, du travail, du négoce.

Deux mots seulement sur ces différentes matières. C'est avec la France et surtout avec Marseille que le commerce local entretient ses plus actives relations. Or, comme nous l'avons deja remarqué, la douane, sous le régime sarde, était une vexation et une entrave ; ses formalités, ses lenteurs constituaient une gêne nuisible aux transactions ; la suppression de la douane devait leur donner un élan inconnu jusqu'alors.

Si cela est vrai, n'est-il pas indubitable que le rétablissement des entraves fiscales, ne manquerait pas de ramener l'état déplorable dont le pays est heureusement sorti.

Nice, en effet, qu'on la laisse à la France, ou qu'on l'en sépare, se pourvoiera toujours en France ; il n'est pas de produits d'importation qu'on puisse citer, venant de l'Italie, sauf quelque peu de riz, des pâtes alimentaires et des bestiaux.

Nice a donc besoin d'avoir ses relations libres avec la France, et rien n'est plus propre à lui assurer cette liberté si profitable que son union de plus en plus intime avec cette grande nation.

Partant de là, sa séparation aurait les effets diamétralement contraires.

En présence de ces faits notoires, avérés, que l'on ne peut nier, si l'on a un peu de bonne foi, il nous est permis de poser une seconde fois cette question : — « Où serait l'avantage que Nice retirerait de sa séparation de la France et particulièrement de son retour à l'Italie ! »

On le chercherait vainement.

Nice italienne serait Nice anéantie, sans commerce propre, sans ressources, réduite dans ses moyens, exploitée comme autrefois et ayant à lutter avec des armes inégales contre la redoutable concurrence de Cannes où se refugieraient l'activité et les capitaux français, et contre la rivalité de Grasse, de Monaco, de Menton et de toutes les stations d'hiver du littoral.

CHAPITRE VII

Nice indépendante. — Deux projets. — Avantages rêvés. — Intérêt de la France. — Dissensions locales. — La Conscription. — La Force armée. — La Police. — Les Mercenaires. — Les Impôts. — Le Budget. — Epidémie du Séparatisme. — Franchises du Commerce.— Les Intérêts niçois à l'étranger. — Emploi des intelligences. — Sécurité des hôtes d'hiver.— Le Jeu public.

Nous avons à examiner maintenant un autre côté du problème séparatiste. On a rêvé, en effet, une seconde solution :

« Nice libre, également indépendante de l'Italie et de la France, se constituant en un Etat neutre;

« Nice devenant Nice et rien que Nice. »

Ce serait une zône enserrée entre la France et l'Italie, n'ayant d'autre débouché que par la mer, absolument comme Monaco.

Deux projets ont été mis en avant : l'un se

borne à neutraliser l'ancien territoire depuis la Roya jusqu'au Var ; l'autre passe le Var et englobe les arrondissements de Puget-Théniers et de Grasse et entame même une parcelle du département du Var, jusqu'aux sommets de l'Estérel.

⚓

Les faiseurs de systèmes y voient de grands avantages, mais ils ferment les yeux sur les inconvénients et les impossibilités et paraissent fort peu se préoccuper des moyens pratiques.

Ils disent, sans réflexion, que la neutralité aurait pour premiers résultats appréciables :

« D'abord, l'abolition de la conscription ;

« En second lieu, la diminution des impôts, leur emploi exclusif dans le pays ;

« Ensuite, l'établissement de lois votées par les Niçois eux-mêmes, et, par conséquent, mieux appropriées à leurs intérêts ;

« Puis enfin, le développement de la prospérité par l'attrait nouveau que cette situation exceptionnelle offrirait aux étrangers. »

⚓

Vaines illusions ! Utopies irréalisables ! Sondons cette idée, nous ne tarderons pas à découvrir qu'elle est vide de sens et qu'elle va précisément à l'encontre des besoins et des intérêts au nom desquels on la préconise.

D'abord, il est permis de douter que le gouvernement français consente, de bonne volonté, à l'exécution de ce plan, qui, du reste, est purement et exclusivement Niçois et qui ne rallierait pas un seul suffrage en dehors de Nice.

Toute la région Est et Nord-Est du département protesterait contre la décision du chef-lieu, en supposant même que les séparatistes y eussent la majorité, ce dont on a de bonnes raisons pour douter.

⁂

Voilà encore un nouvel antagonisme qui se dévoile ; une petite portion de la ville de Nice veut faire la loi à tout le territoire, qui est fermement attaché à la France, dont il tire ses profits et qu'il ne consentirait jamais à abandonner pour le caprice de quelques mécontents.

La France, d'ailleurs, par les raisons stratégiques que nous avons expliquées, a revendiqué le Comté de Nice ; ces raisons ne cesseraient pas d'exister par la neutralisation, parce que le petit Etat qui en serait le résultat n'offrirait aucune garantie. La France, par cela même, ne consentira pas à la neutralisation de Nice et tiendra à garder sa frontière des Alpes, gage de sa sécurité.

Mais certains esprits font, — aujourd'hui qu'ils la croient affaiblie, — bon marché de la France. « —Cela ne la regarde pas, disent-ils; nous sommes maîtres de nos destinées ; on règlera cela sans elle. » — C'est vite aller en besogne, mais il faut encore compter avec la France et elle n'est pas si bas qu'on puisse lui mettre aussi facilement le pied sur la gorge.

⁂

Supposons pourtant que la France consente ou soit forcée de consentir, que les populations deviennent unanimes, qu'il y ait un tel élan de l'opinion qu'il faille y céder,— toutes choses fort éloignées des prévisions sensées ; — la séparation est prononcée et voilà Nice, Etat libre et neutralisé.

Est-ce qu'il n'est pas facile de prévoir les rivalités, les haines, les dissensions intestines qui se développeraient immédiatement. Il n'y a rien de plus favorable à l'exaltation des personnalités jalouses et mesquines que la constitution des petits Etats. Ces sentiments envieux y entretiennent la discorde, s'y transmettent de père en fils, font partie de l'héritage des familles, de génération en génération.

On pourrait en citer des exemples nombreux, même sur des territoires plus étendus et plus populeux que le Comté de Nice. La Corse, qui n'est pas loin de nous, en offre l'un des plus frappants, malgré la fusion déjà ancienne de l'élément français.

Sans croire que le poignard de la *vendetta* dût jamais jouer à Nice un rôle aussi grand que dans cette île, il n'est pas moins probable que la tranquillité publique n'y serait jamais assez assurée pour qu'on pût se fier à tel point sur la sagesse des habitants qu'on fût autorisé à y supprimer la force armée.

⚓

Donc, tout d'abord, on voit que l'abolition de la conscription n'est qu'un leurre, à moins qu'on ne veuille dire qu'on ne tirera plus au sort à qui sera soldat, parce que tout le monde le sera.

Nous voilà tout de suite en présence de deux points extrêmes, ce qui prouve déjà qu'on ne s'accorde guère.

Ou bien, premièrement, vous ne voulez plus de conscription. Alors il n'y aura pas de soldats. Mais comment maintiendrez-vous l'ordre? Par les gendarmes, par les carabiniers, comme l'on disait autrefois. Eh bien! pour les recruter ne faudra-t-il pas de conscription? Est-ce que la conscription n'existe pas dans tous les pays neutres qui entendent appuyer leur neutralité sur une force respectable? Si ce n'est la conscription, c'est quelque chose d'analogue. En promettant de l'abolir, on se réserve donc implicitement de la remplacer.

⁂

Soit! vous n'aurez pas de conscription, mais comme nous ne doutons pas que vous soyez amis de l'ordre, par la bonne raison que vous êtes amis de vos intérêts, nous vous demanderons de nous dire comment vous maintiendrez l'ordre? Où trouverez-vous la sanction des lois que vous voulez faire vous-même, la répression des méfaits, le frein des passions humaines?

Il est bien convenu que vous n'avez pas de soldats passant un temps déterminé sous les drapeaux ; mais comme il vous en faut absolument, tout le monde sera garde civique chargé du maintien de l'ordre.

Mais c'est la police cela! la police imposée à chaque citoyen. Qui voudra accepter un tel rôle?

Nous comprenons que, momentanément et pour un service temporaire et passager, le citoyen consente à prêter main-forte ; mais faire ce métier là tous les jours, cela nous paraît inadmissible.

Si l'indépendance avait de telles sujétions, on en serait vite las; si on le savait d'avance, on n'en voudrait pas.

⁂

Il y aurait, il est vrai, un expédient : ce serait d'employer des mercenaires, des agents salariés, qui ne servent pas pour l'honneur du drapeau, mais uniquement pour quelques pièces d'or.

Où ira-t-on les chercher ? Parmi les gens du pays ? On en trouverait peut-être, parce qu'il y a partout des êtres pour tous les métiers. Mais quelle autorité auraient ceux-là ! Quelle bonne police feraient-ils, obligés qu'ils seraient de ménager sans cesse les contribuables qui les paieraient et les autorités qui voteraient leurs subsides.

Quant à les chercher à l'étranger, comme on a fait à Monaco, il n'y faut pas songer, à moins qu'on ne se résigne aussi, comme à Monaco, à prendre des Français. — Voilà encore la France qui reparaît. — C'est qu'il n'est pas douteux que la France ne souffrirait jamais à Nice neutre autre chose qu'une garnison française. Elle ne toléreraitt pas de soldats étrangers sur son territoire, ou dans ses enclaves. Monaco en a fait l'expérience, il n'y a pas longtemps, Nice l'éprouverait aussi.

⊥

Ainsi l'on se fait encore, sur ce point, d'étranges illusions. Mais ce raisonnement se retourne contre lui-même. En supprimant la conscription, on livrerait Nice, pieds et poings liés, aux influences, aux jalousies, aux intimidations incessantes du voisinage. Elle ne serait que le jouet de la force ; désarmée et à la merci des violents. Donc, l'indépendance qu'on voudrait fonder n'existerait pas, la sécurité encore moins : un caprice, un coup hardi suffirait pour conduire fatalement à une annexion quelconque.

Supposons enfin que Roquebrune, Menton, Sospel ou toute autre localité moins importante encore, veuillent se séparer de la petite république, comment parviendra-t-on à les retenir dans l'obéissance ? Oserait-on seulement soutenir qu'on en a le droit, après avoir invoqué pour soi-même le droit imprescriptible de la séparation de la France ?

Ce premier point vidé, parlons des impôts : ils diminueraient, dit-on, et leur emploi serait plus fructueux pour le pays.

Seconde erreur !

D'abord, le nouvel Etat, dès son origine, serait aux prises avec des embarras financiers très-graves. Outre sa dette propre, il se trouverait grevé de sa part proportionnelle dans la dette publique de l'Etat dont il se séparerait. En 1860, nous avons pris et payé notre part de la dette italienne. Il faudrait donc que Nice en fît autant vis-à-vis de la France.

. Or, la dette publique de la France est de 20 milliards et la population du Comté de Nice est évaluée à une centaine de mille âmes, c'est-à-dire au 360ᵉ de la France ; il s'ensuit que la petite République aurait à payer, dès le premier jour, pour sa libération, la somme de *cinquante-cinq millions* ou à servir annuellement les intérêts de ce capital, soit *deux millions et demi,* ou plus de deux fois son revenu actuel.

A cela, il faudrait ajouter les *soixante millions* que la France a dépensé dans le pays depuis 1860.

Où trouverait-on tout cet argent ?

⊥

Il en faudrait bien d'autre encore, car le budget de la commune porte en ce moment les dépenses à un million deux cent mille francs, et il a cette propension, particulière à tous les budgets possibles, d'aller toujours croissant.

Combien de millions l'autonomie coûterait donc à ce pays ! — « On ne saurait, dit-on, payer trop cher son indépendance. » — D'accord, mais encore faut-il la payer, et pour la payer faut-il de l'argent.

Les frais nécessités par tous les services sont plus élevés dans ce pays que ce qu'ils rapportent. La France y sacrifie plus qu'elle n'en retire, voilà dix ans que cela dure et cela durera encore longtemps, toujours peut-être.

Donc, Nice, rendue à elle-même, aurait à subvenir à des frais plus considérables que ses ressources.

S'il en est ainsi, comme tout le prouve, qui pourrait soutenir que la proclamation de l'autonomie de Nice ferait diminuer les impôts? Nice tiendrait à honneur d'acquitter les obligations qu'elle aurait contractées, et elle n'y pourrait subvenir qu'en augmentant sensiblement et rapidement tous les impôts; l'on sentirait immédiatement les effets de cette nécessité tant dans la ville que dans les campagnes.

En veut-on la preuve? Qu'on se rappelle donc qu'avant 1860, il n'y avait pas de région en France aussi peu favorisée sous le rapport des moyens de communication. Il fallait plus de temps pour traverser le comté de Nice, de Vintimille à Saint-Dalmas, qu'il n'en faut pour se rendre de Marseille au bout de l'Angleterre. En fait de routes de grande et de petite vicinalité, tout était à faire dans nos diverses vallées. Et tout n'est pas fait, loin de là.

Pense-t-on que si au lieu de s'unir à la France, Nice se fût déclarée indépendante, son budget ait suffi à pourvoir à tout cela ? Croit-on même que, après les travaux considérables exécutés depuis dix ans, les ressources de l'ancien Comté puissent en assurer la terminaison ? La ville est obérée actuellement ; les conséquences de la séparation seraient de lui créer des dettes et des obligations nouvelles. Quant à la campagne, elle est pauvre et ne peut venir au secours de la ville.

Evidemment, il y aurait des difficultés budgétaires insurmontables ; mais ce ne seraient pas les seules avec lesquelles on se trouverait directement aux prises. Nous en rencontrons encore plus d'une sous notre plume.

Que fera-t-on, d'ailleurs, de l'arrondissement de Puget-Théniers, qui ne veut pas de séparation ? Que fera-t-on de Villefranche, auquel le gouvernement piémontais ne paraissait pas beaucoup tenir autrefois, puisqu'il faillit vendre ce port à la Russie et que l'opposition seule du gouvernement français l'a sauvé de la domination moscovite ? Pense-t-on que ce plan avorté du cabinet de Turin fût, pour ce pays, une garantie d'indépendance ?

Mais voyez l'exemple de Menton et de Roquebrune, que nous citions tout à l'heure : ces deux villes appartenaient à un Etat indépendant, elles s'en sont détachées volontairement, et la France a payé leur rançon quatre millions.

L'Etat indépendant de Nice réussira-t-il mieux que l'Etat indépendant de Monaco à les attacher à sa fortune ? Il faudra tout au moins qu'il les rachète d'abord, en supposant qu'elles voulussent y consentir et puis qu'on fût assuré qu'elles n'imiteront pas, en se déclarant un jour indépendantes de Nice, l'exemple contagieux que Nice leur donnerait en se séparant de la France.

Jusqu'où pourrait aller cette épidémie d'indépendance ? Elle gagnerait les derniers villages de la contrée; chaque hameau, à son tour, se déclarerait neutre jusqu'au fractionnement à l'infini de toutes les forces du pays.

⚓

Ce serait, pour tous les groupes d'habitants, l'isolement et, par suite, l'anarchie, l'impuissance et la ruine.

L'association assure la richesse des sociétés et leur donne la possibilité de supporter leurs charges. Nice, plus que toute autre contrée, est appelée à en recueillir les avantages. Son indépendance factice la mettrait sur le penchant de la misère.

Elle succomberait sous le poids de ses obligations anciennes et nouvelles ; elle obérerait son budget pour des siècles, rien qu'à rembourser à la France les avances qu'elle lui a faites depuis dix ans, rien qu'à racheter la voie ferrée qui la relie à la Provence, rien qu'à continuer ce grand travail sur l'Italie, afin de s'y créer des débouchés, rien qu'à entreprendre la percée du col de Tende, ou le chemin de fer qui doit gravir ses hauteurs, rien qu'à exécuter les plans de la voie projetée sur Coni, rien qu'à entretenir les immenses travaux commencés de toutes parts pour la ville ou pour la campagne, sans compter ceux qui dorment actuellement dans les cartons faute de fonds et que la France seule en sortira pour les exécuter, avec sa générosité habituelle.

Mais les hommes aux belles promesses, forcés de reconnaître l'impuissance de leur future république sur tant de points importants, offrent des compensations non moins chimériques par d'autres côtés. Ainsi, disent-ils, la franchise de notre port y attirera les marchandises en plus grande quantité. Il n'y aura plus de droits à payer; le commerce en profitera par une plus grande activité, la consommation par une baisse dans le prix des denrées.

Soit! Admettons comme vrai, comme prouvé, ce qui est encore fort hypothétique, ce qui est précisément contesté. Mais s'il n'y a plus de droits de douanes, il faudra trouver des revenus par ailleurs et doubler ou tripler les autres impôts. Nous voilà donc bien loin de les voir diminuer, selon certaines promesses fallacieuses.

C'est que cette suppression des revenus de la douane n'est pas une petite affaire.

Comment les remplacera-t-on? On n'a pas, sans doute, la pensée de gouverner et d'administrer sans argent. Il en faut, on le sait bien et beaucoup, pour les besoins urgents, pour les nécessités du présent, pour les charges du passé, pour les éventualités de l'avenir. Où entend-on donc en trouver?

Nous dirons tout à l'heure nos soupçons à ce sujet.

Voilà, croyons-nous, bien des impossibilités à la déclaration de l'autonomie niçoise. Si l'on parvenait à les surmonter, il y aurait à voir, en outre, quelle serait la situation des sujets niçois hors de Nice. Qui défendrait leurs intérêts disséminés sur divers points du globe? Qui les protégerait contre les vexations et les insultes? La chétive République aura-t-elle des représentants, des consuls partout où s'étendront ses relations internationales ? — Oui ? — Mais ses ressources y suffiront-elles ? Donnera-t-elle des garanties sérieuses à son commerce? Pourra-t-elle faire respecter son pavillon ?

Avec des finances embarrassées, faible, dépourvue de moyens coercitifs, au dehors aussi bien qu'à l'intérieur, elle ne peut répondre de sauvegarder l'intégrité de son territoire, et de mettre sa dignité à l'abri des atteintes des voisins, rivaux entre eux et jaloux d'elle-même.

Le vœu des séparatistes n'est-il pas contraire aux tendances de la politique actuelle des Etats? En effet, de toutes parts, nous voyons les peuples chercher la force et l'influence dans les grandes agglomérations. L'Italie, l'Allemagne en sont des exemples récents. Les petits y trouvent leur sécurité et leur bien-être; ils n'ont plus peur d'être dévorés par les gros.

C'est ce qui arriverait à Nice, si elle voulait vivre de sa vie propre. Un jour, à bout de ses ressources, elle en serait réduite à reconnaître que cette indépendance, qu'on a fait miroiter à ses yeux, est la pire des sujétions ; celle de l'humiliation, de la faiblesse et de la misère, et elle se verrait contrainte d'implorer le protectorat de l'un ou l'autre de ses voisins, devenus hautains et peut-être hostiles.

Elle serait alors dans la position la plus déplorable, puisqu'il lui faudrait sacrifier son amour-propre, exalté outre mesure, et ses illusions d'indépendance impraticable. Puis, au dernier moment de sa détresse, elle reconnaîtrait que les sympathies anciennes, qui rapportaient beaucoup, valaient mieux que les services nouveaux, qu'on lui vendrait fort cher.

L'ingrat est toujours sa propre dupe, et l'obligé, qui sollicite de nouvelles faveurs, est le plus souvent à la merci de son bienfaiteur, si généreux qu'il le trouve.

Si cependant nous faisons, pour un instant, abstraction de toutes ces éventualités et si nous admettons que la séparation se fasse sans encombre, que l'indépendance soit proclamée, que l'autonomie soit reconnue, ne sommes-nous pas en droit de nous demander ce que deviendront, dans le comté de Nice, la fortune publique, les finances, le commerce, l'industrie, et si les débouchés des produits, comme l'entrée des objets de nécessité, ne seront pas entravés par des causes contre lesquelles la petite République serait également impuissante.

Les traités commerciaux sont très-variables; tel système prédomine aujourd'hui qui, demain, fait place au système opposé. Si, en vertu de cette loi mobile, l'un des voisins de la nouvelle République, ou tous les deux à la fois, établissent des droits protecteurs de leur industrie nationale; s'ils augmentent les tarifs, qui peuvent exister à l'entrée sur leur territoire, ne serait-ce pas la ruine irrémédiable du pays?

Il n'y aurait pas un seul moyen de parer ce coup venu de causes extérieures; mais la décadence viendrait tout aussi sûrement de l'intérieur, où la séparation la déposerait en germe.

Que ferait Nice de ses enfants? Tous ces jeunes gens intelligents, instruits, laborieux, quelles carrières leur offrira-t-elle? Ne voit-on pas que, cherchant en vain, dans les limites étroites de leur patrie, un emploi utile de leurs facultés, ils déserteraient le pays natal, comme autrefois ; ils porteraient leur activité sur un terrain plus vaste ; ils abandonneraient, sans regrets, une nationalité qui fermerait leur avenir, pour toute autre qui en élargirait les horizons et qui leur assurerait des charges plus honorables et des emplois plus lucratifs.

Incidemment, on a parlé du rétablissement d'une Cour d'appel à Nice. Ce projet ne peut être soutenu sérieusement ; c'est un appât de plus, mais aussi trompeur que les autres. Une Cour d'appel à Nice, justifiée autrefois par la barrière que les Alpes opposent aux communications de l'ancien comté avec l'Italie, n'aurait désormais aucune raison d'être ; avec le peu d'affaires de Nice, ville libre, un simple tribunal de première instance suffirait ; le reste serait objet de luxe et faste inutile, une sorte de parodie du tribunal suprême de Monaco qui, pourtant, a encore son tribunal de recours en France.

Nice ne serait pas assez riche pour se passer des superfluités. La Cour constituerait une sinécure, puisque la juridiction inférieure peut pourvoir à tout ; en élevant la juridiction supérieure, on ne provoquerait pas plus d'affaires.

L'institution promise ne peut donc être créée ;

cet espoir est un leurre, parce que toute réforme ne se justifie que si elle s'appuie sur un besoin réel.

⁂

Un dernier argument, et celui sur lequel on compte le plus pour attirer les adhésions au plan de Nice neutre, c'est que cette situation séduirait surtout les étrangers qui viennent chaque année enrichir le pays. On semble croire qu'on serait enthousiasmé de vivre dans un pays libre ; nous croyons, nous, qu'on préférerait de beaucoup vivre dans un pays tranquille.

⁂

Partout où il lui prend la fantaisie d'aller, l'étranger, le voyageur recherche la paix et le calme. Il exige qu'on les lui assure. Quant à son indépendance, il s'en charge ; sa sécurité seule lui importe.

Eh bien ! l'étranger s'apercevra vite qu'il n'a pas à Nice sa sûreté personnelle ; il ne croira pas y jouir d'une protection qui le tienne en paix. Ce petit Etat sera comme pris dans un étau, entre deux nations puissantes ; cette rivalité permanente le troublera. La confiance en sera ébranlée ; on fuira, on ira vers d'autres contrées peut-être moins libres politiquement, mais plus calmes matériellement.

L'étranger n'entre pas dans l'appréciation des causes de nos dissentiments ; il est absorbé par un sentiment égoïste qu'il a le droit d'entretenir ; il veut du positif et ne se laisse pas éblouir par des assurances plus ou moins fondées, dont il s'écarte dès qu'il peut en entrevoir le vide.

Il veut des lois fixes, qui s'imposent par leur sagesse, leur autorité, mais aussi par le prestige d'une puissance que nul, particulier ou peuple, ne peut braver impunément ; il aimerait enfin Nice italienne ou française, plutôt que cet Etat mal assis que l'on décorerait fastueusement du nom de Nationalité Niçoise.

⁂

On en a la preuve à Monaco même ; la situation précaire de ce petit Etat, garanti cependant par les traités et protégé par toutes les nations de l'Europe, mais qui peut être agité comme il l'a été, en effet, par de petites séditions de clocher, empêche les étrangers de s'y fixer ; les jeux seuls entretiennent la Principauté. On n'y va que pour cela; mais la ville de plaisance qu'on habite, parce qu'on compte y trouver la sécurité, c'est Nice, protégée par la loi et la puissance françaises.

Si Nice proclamait son indépendance, qu'y verrait-on ? Une nationalité sans nation ; oui! sans nation, car il n'y a pas de nation sans gouvernement, pas de gouvernement sans puissance, pas de puissance sans administration respectée et pas d'administration sans finances.

⁂

Mais des finances, nous en aurons! nous riposte-t-on ; et, par conséquent, tout ce qui s'ensuit.

Votre affirmation ne nous suffit pas et nous nous permettrons de vous demander, encore une fois, comment vous vous en procurerez.

Vous promettez de diminuer les impôts, de les supprimer peut-être, comme à Monaco, de faire disparaître, à coup sûr, les douanes pour rétablir le port-franc.

Comment ferez-vous donc?

Il reste un excellent moyen en réserve, et c'est celui-là que, *in petto,* on se propose de mettre en œuvre. On le cache en rougissant, parce qu'il n'est pas d'accord avec la morale, mais on médite de l'employer, parce que l'intérêt l'indique. Et puis on se fait cette raison que le succès légitime tout.

Ce moyen, c'est le jeu public.

⁂

Oui! on veut que l'Etat libre de Nice vive du jeu. On pense offrir ainsi un nouvel attrait pour faire affluer et pour retenir les étrangers. Nice ayant besoin d'argent et ne sachant où s'en procurer honorablement, on ne trouverait rien de mieux à lui proposer, après sa séparation de la France, que de spéculer sur les passions de ses hôtes. On lui conseillerait de se faire la concurrente, la succursale de Monaco.

Voilà, on l'avouera, une singulière façon d'affirmer son indépendance et de fournir la preuve de sa loyauté et de son honorabilité.

Eh! sans doute, le moyen pourrait lui réussir; il réussit bien ailleurs. Mais cette foule qui accourrait autour du tapis vert ne serait plus cette colonie honnête et distinguée, que le voisinage de Monaco n'a pas encore trop effrayée; mais une société pleine d'impuretés, à laquelle viendraient se mêler forcément tous les bas-fonds de notre civilisation vicieuse et raffinée.

Est-ce cela que l'on veut?

On y réussirait bien certainement, et même on ne tarderait pas à voir s'adjoindre à ces éléments, tous les rebuts des partis politiques, chevaliers d'industrie d'un autre genre, causes incessantes de troubles et d'embarras, dont d'autres Etats plus puissants, comme la Suisse et la Belgique, ont eu tant à se plaindre et qui auraient bientôt compromis et bouleversé cette terre de l'hospitalité.

Bientôt, en effet, il n'y aurait plus d'autres étrangers à Nice. Les joueurs chasseraient les familles paisibles ; les turbulents politiques exciteraient des défiances ; les gouvernements en deviendraient ombrageux. Nice ne serait plus qu'un foyer d'infection morale et politique dont il faudrait se préserver. On établirait, autour de cette petite pestiférée, un cordon sanitaire qui serait une nouvelle gêne pour les transactions commerciales, et un dernier sujet de répulsion pour les riches étrangers qui s'aventureraient encore dans cette contrée.

L'indépendance de Nice serait un véritable sequestre. Rêve insensé qui ne peut tromper personne. Voilà, sous leurs couleurs réelles, les perspectives que l'on s'efforce, sans s'en rendre un compte bien exact peut-être, d'ouvrir devant la malheureuse cité.

Que l'on réfléchisse sérieusement, que l'on résiste, pour un instant seulement, à un entraînement fâcheux dont les conséquences seraient mortelles pour le pays et il est impossible de croire que, froidement, sans passion, avec le cœur et la conscience d'honnêtes gens, de patriotes convaincus et éprouvés, on lève la main, devant Dieu et devant ce peuple trompé, pour demander —la séparation de Nice d'avec la France, c'est-à-dire l'ingratitude, — l'annexion de Nice à l'Italie, c'est-à-dire l'absurdité, — ou enfin la proclamation de Nice libre, c'est-à-dire la ruine et le déshonneur.

CHAPITRE VIII

Question diplomatique. — Droit des gens et des honnêtes gens. — La volonté de Nice. — La liberté. — La pression. — L'impossibilité d'un nouveau vote. — Ses conséquences. — L'instabilité. — L'honneur et l'intérêt. — Révision de toutes les annexions. — Lombardie. — Vénétie. — Rome. — Respect au vote exprimé deux fois. — Les députés de Nice.

Nous n'accusons pas la loyale population de Nice des fautes et des tendances de quelques hommes qui l'excitent à abandonner la France. Elle ne voudrait pas renier sa bienfaitrice dans le malheur, après avoir profité de sa prospérité.

Non ! Elle ne le voudrait pas.

Mais le voulût-elle, — supposition que nous repoussons de toutes nos forces et qui la mettrait en contradiction avec tous ses antécédents, — le pourrait-elle ? En aurait-elle le droit ?

Avant d'examiner les problèmes diplomatiques

que soulève cette question, considérons-la, pour le moment, au point de vue purement politique.

Où Nice puiserait-elle le droit et le pouvoir d'accomplir cette sécession ?

Ce n'est certes pas dans la force qu'elle en trouverait les moyens. Une surprise d'un jour, si elle pouvait réussir, ne constituerait pas un droit, et appellerait une énergique répression.

Il ne peut donc être admis que la violence change l'état des choses actuelles. On ne peut désirer une guerre entre la France et l'Italie; car, en guerre, les chances sont diverses et ce n'est pas parce que la France a subi d'affreux échecs qu'on peut présager, à coup sûr, qu'elle en subira encore.

Il faudrait qu'elle fût vaincue pour qu'on lui arrachât Nice, comme on lui a arraché l'Alsace et la Lorraine ; mais peut-on souhaiter qu'il soit dépensé tant de milliards et répandu tant de sang pour aboutir à ce résultat ?

La France vaincue, tout n'est pas dit encore. On subjugue une nation, on la contraint de vivre sous une domination qu'elle déteste, comme nous en voyons l'exemple dans le Sleswig, dans le Holstein, à Strasbourg, à Metz ; mais l'esprit public reste en révolte perpétuelle et l'on ne peut douter que, s'il était consulté, il chasserait ses oppresseurs par un vote unanime.

Disposer d'un peuple malgré lui, c'est un holocauste contre lequel la conscience de l'humanité proteste. Le peuple immolé est un peuple martyr. Ce qui est une violation abominable « du droit des gens » ne peut être prôné à notre époque et devenir la règle du « droit des honnêtes gens. »

Les destinées d'une population ne peuvent être mises en question de la sorte, sans des motifs sérieux, impérieux même, qu'il faut subir,—une né- nécessité dont on gémit en se courbant sous sa loi.

Est-ce le cas pour Nice ?—Evidemment, non ! Il y a peine dix ans que l'unanimité des habitants a décidé, avec un enthousiasme dont on retrouve la preuve éclatante dans tous les documents du temps, sa réunion à la mère-patrie, à cette France vaillante et généreuse qui venait de délivrer l'Italie du joug étranger et qui ne demandait, en compensation de ses sacrifices, de son or dépensé largement et du sang de ses enfants versé à flots, que le retour dans son sein des compatriotes qui n'en avaient été écartés que malgré eux.

Voudrait-on signaler nos jours de revers par cette nouvelle désertion ? Faut-il que des sentiments de haine déraisonnable se glissent où ne devraient exister que l'attachement et la reconnaissance ?

Rendons cette justice à la population, elle n'a pas ces tendances. On dénature ses sentiments, — nous l'avons prouvé, — lorsqu'on soutient qu'elle n'a pas été sincère dans son vote de 1860, lorsqu'on affirme qu'elle n'a pas eu la conscience de son action, qu'elle a cédé à une pression et qu'elle n'a pas joui de la plénitude de sa liberté.

On ne peut pas lui adresser de plus injustes outrages, lui reprocher une plus déshonorante humiliation.

Quoi ? Ce peuple honnête, que les corruptions d'autres temps n'ont pu atteindre, se serait laissé séduire et circonvenir jusqu'à mentir à sa conscience, jusqu'à sacrifier ses aspirations et ses intérêts à une lâche condescendance, ou à une pusillanime terreur !

Heureusement, c'est une calomnie !

Le vote de 1860 a été accompli dans des circonstances qui permettent d'affirmer que, s'il y a eu pression, on ne sait que trop de quel côté elle est venue.

Faut-il rappeler les intrigues de la minorité hostile à la France, les tumultes qu'elle a provoqués, par les farandoles dans la rue, par les manifestations bruyantes au théâtre, par l'apparat de cette célèbre messe de l'Eglise du Vœu qui a été suivie d'une provocation audacieuse, par l'immixtion d'illustres personnages d'Italie, qui, non contents de leur opposition de tribune, ont cherché dans nos rues agitées des succès plus populaires.

⊥

Ces tentatives d'intimidation n'ont eu, il est vrai, aucune influence sur les sentiments des habitants du Comté. La tolérance, par trop longanime, des autorités d'alors, qui n'étaient autres que des fonctionnaires sardes, encourageait ces désordres qui ont avorté d'eux-mêmes devant l'impassible fermeté de la population.

⊥

Tout nous autorise donc à affirmer que, s'il y a eu pression, ce n'a été ni par les agents français ni au profit de la France.

S'il nous fallait un témoignage à l'appui de cette affirmation, c'est dans le journal niçois de l'époque que nous irions le chercher. Organe passionné des rancunes d'un parti, il a accusé les autorités piémontaises d'être lâches et complaisantes et de combattre, par le mensonge, l'aversion de la population contre le retour de Nice à la France, afin de la contenir, de la rassurer et de lui faire partager les vues du cabinet de Turin. [1]

⁂

C'est ainsi qu'on préparait d'avance la voie aux revendications futures. Mais si l'on peut essayer de fausser un jour les aspirations d'une population, on ne peut espérer de donner le change à l'histoire; or, l'histoire a condamné ces actes et elle sait en faire retomber la responsabilité sur qui de droit.

Le vote de 1860 a donc eu lieu dans des circonstances qui écartent tout soupçon de fraude ou de pression de la part de la France.

Cela est acquis désormais, et n'est plus sujet à contestation.

Il ne s'agit plus que de savoir si, politiquement, on doit admettre qu'un nouveau vote puisse venir l'annuler.

Ce serait enlever toute stabilité aux états de choses les mieux assis. Ce serait autoriser les

---

(1) *Il Nizzardo*, 5 mars 1860.

esprits mécontents, factieux ou turbulents à remettre périodiquement en doute les questions résolues. Ce serait perpétuer les agitations et porter la plus grave atteinte à l'unité, à l'indivisibilité, à l'intégrité du territoire national.

⁂

Mais puisqu'il est des gens qui supposent qu'un plébiscite peut être provoqué sur ces matières, admettons, pour un instant, avec eux, qu'il soit consenti par les parties intéressées qui ne sont pas seulement la France et l'Italie, mais l'Europe entière.

On vote. — Quel sera le résultat?

S'il est favorable, à la France, ce n'aura été qu'une agitation stérile, pernicieuse même pour le pays.

S'il est favorable à l'Italie, est-ce que ce changement nouveau ne produirait pas précisément ces mêmes froissements d'intérêt dont on s'est si amèrement plaint lors du retour à la France?

⁂

Et puis, le principe de ces mutations fantaisistes admis, est-ce que l'on pourrait contester aux nombreux Niçois qui resteraient fidèles à la France le droit de réclamer, dans un aussi bref délai, une nouvelle solution par un nouveau scrutin?

Partant de là, nous le demandons encore une fois, où serait la stabilité de ce pays? Où seraient les garanties de sa tranquillité, la foi qu'on pourrait avoir en ses engagements et comment peut-on allier cette versatilité avec l'indépendance?

Pour son honneur donc, autant que pour son intérêt, Nice ne peut se séparer de la France par l'effet d'un pur caprice. Leurs destinées sont liées de la manière la plus étroite et par les nœuds les plus sacrés.

Pendant dix ans, leurs intérêts se sont mêlés et confondus ; elles ont versé leur sang pour les mêmes causes, sur les mêmes champs de bataille: à Solférino pour la délivrance de l'Italie ; à Dijon pour le salut de la France.

Nice, par tous ses votes depuis dix ans, s'est affirmée française ; on ne peut supposer qu'elle se démente en un jour, on ne peut consentir à la laisser déshonorer ainsi par les hommes de passion qui l'aveugleraient un moment et qui voudraient lui faire commettre un acte irréfléchi, que l'on ne tarderait pas à incriminer avec raison. D'ailleurs cet acte ne pourrait détruire les effets du vote primitif par lequel Nice s'est donnée une seconde fois à la France et des faits qui ont suivi, consacré et cimenté cette union.

Si l'on admettait le droit de Nice à voter de nouveau, il faudrait que toutes les règles du droit des gens fussent renversées et que l'on proclamât le même droit pour toutes les provinces de France, pour tous les groupes qui forment les diverses nationalités européennes.

On donnerait ainsi beau jeu aux révolutionnaires de tous les pays qui exploiteraient cet élément de trouble et de division.

Il faudrait aussi annuler tous les traités et voir particulièrement si les actes de cession de la Lombardie et de la Vénétie, conquises par la France et abandonnées par elle à l'Italie, ne devraient pas être révoqués.

Comprend-on ces complications ? Ces provinces appartenaient sans conteste à la France, par l'abandon de l'Autriche. En les rétrocédant au Piémont en 1859 et en 1866, la France a donné plus qu'elle n'a reçu et elle n'était pas dédommagée des frais énormes et du sang que lui ont coûtés la guerre d'Italie.

La cession de Nice à la France, les diplomates le reconnaissaient à l'époque où elle a eu lieu, n'était pas un fait isolé ; elle se rattachait à un système complet de faits, — de faits politiques, — dont la saine et calme appréciation donne le secret de cette situation.

Le traité du 24 mars, suivant l'expression du rapport lu en cette occasion au Parlement de Turin, par M. de Roca « resserrait, dans une intimité plus étroite, la France et l'Italie » au moment où les annexions réalisées faisaient courir peut-être quelques rixes à cette alliance ; « il consacrait le passé, rassurait le présent et préparait l'avenir. »

⁂

Ainsi donc, vouloir isoler cette question, c'est la dénaturer ; c'est commettre une injustice et, ce qui est pire, une erreur.

Si petite que soit une agglomération, ville, comté, ou nation, il est impossible d'admettre son isolement en présence des conditions où vit l'Europe, et surtout devant la multiplicité et la fréquence des rapports qui relient et fusionnent les intérêts.

C'est pourquoi la question niçoise ne peut-être dégagée du système général auquel elle se rattache, par la force des choses, et c'est pourquoi tout esprit impartial convient qu'elle a une corrélation immédiate avec cet ensemble de faits qui ont amené l'annexion de la Toscane et de l'Emilie à l'Etat sarde.

⊥

Eh bien ! avant ces faits, qui ont modifié l'économie politique de l'Italie, il était convenu d'admettre que le territoire de Nice était homogène au Piémont.

Mais ce n'était alors que le petit royaume de Piémont.

Du jour où il s'est transformé, où il s'est agrandi, où il a absorbé la Péninsule et est devenu le grand royaume d'Italie, les intérêts ont été déplacés; cette homogénéité, plus simulée que réelle, a disparu, et l'on a reconnu que la séparation morale avait précédé la séparation matérielle.

⊥

Il y a eu là un détachement insensible, graduel, successif, mais radical et définitif, basé particulièrement sur le relâchement des liens, plus ou moins étroits, des affections plus ou moins factices.

S'il restait quelque doute sur ce point, le vote l'aurait tranché. Le suffrage populaire est de droit nouveau; ce principe, introduit récemment dans le Code public européen, n'est sans doute pas absolu, mais c'est un progrès incontestable et que l'Italie, moins que toute autre nation, ne peut songer à contester, car elle lui doit toutes ses annexions, y compris Rome.

Or, ce qui est légitime à Florence, à Bologne, à Venise, à Rome, ne le serait-il pas à Nice ?

Si vous reconnaissez à Nice le droit de voter de nouveau sur son sort, vous devez l'admettre également pour le jour où il sera réclamé par quelques agitateurs de Rome, de Venise, de Bologne et de Florence !

La logique le veut et plus encore l'équité.

Le principe du vote populaire vient donc ici en aide au principe du respect de la nationalité et ces deux idées, soutenues l'une par l'autre, loin de recevoir une atteinte de la conservation de Nice à la France, en remportent un triomphe moral que reconnaît et approuve toute la diplomatie de l'Europe.

Mais il est une loi supérieure encore aux volontés et aux intérêts individuels, c'est la loi de l'intérêt de la généralité. Elle ne peut dépendre des caprices de la minorité ; — le tout ne peut être à la merci d'une partie et en souffrir dommage.

Appliquant cette loi à Nice, la séparation n'est pas admissible si l'intérêt de la France lui est contraire et la règle s'impose ici d'une façon d'autant plus impérieuse que, dans le cas supposé, c'est la minorité qui s'insurgerait contre ce qu'elle a voulu elle-même avec la majorité.

Nice, en effet, sous la première République, a voulu redevenir française. Elle a voté librement son retour à la mère-patrie.

Séparée de nouveau, malgré elle, elle a redemandé, avec la même unanimité, avec la même liberté, après cinquante ans de séparation, sa réunion au pays de ses prédilections dont on l'avait arrachée.

Nice, en aucun temps, n'a protesté, comme de nos jours l'Alsace et la Lorraine : celles-ci repoussaient leur séparation ; Nice, au contraire, l'a acclamée. Elle a depuis, dans toutes ses manifestations populaires, accepté le régime français avec autant d'éclat et de persistance que l'Alsace et la Lorraine en mettront à repousser le régime prussien. Elle a eu et elle a encore, dans les Chambres françaises, des représentants que l'Alsace et la Lorraine n'enverront jamais dans les Chambres allemandes.

Ses députés ont toujours affirmé leur attachement à la France, et n'ont jamais songé à revendiquer, à la face des représentants du pays, une autre nationalité.

Ceux qui ont l'honneur d'exercer en ce moment le mandat qu'elle leur a confié dans notre Assemblée nationale, loin de réclamer la séparation que quelques aveugles proposent, ont fait hautement adhésion à la République et désavoué, par cet acte solennel, les manœuvres et les intrigues dont on voulait leur faire partager la responsabilité.

Les deux élus du 8 février, dont les candidatures ont été appuyées par les voix des séparatistes, ont affirmé que, tout en conservant leur affection à l'Italie, ils voulaient rester Français.

L'un d'eux a dit [1] que « le parti séparatiste

---

(1) M. Piccon.

est imperceptible, qu'il n'est ni aussi nombreux ni aussi redoutable qu'on l'a dit. »

Et ce même député a déclaré hautement à la tribune « qu'il n'appartient pas à ce parti et qu'il le désavoue ainsi que son organe. »

L'autre [1] s'est plaint « de la *jettatura* qui a accouplé à son nom la qualification de séparatiste. » Il a protesté que « la population, qui ne demanderait pas mieux que de rester unie à la France, » n'a été poussée que par des abus de pouvoirs intolérables à se jeter « dans les bras d'un parti qui n'était pas fort, qui n'était pas nombreux au début. »

⚓

Les élections du 2 juillet ont été une éclatante manifestation de l'opinion contre les tendances des séparatistes. Cette fois, ils avaient arboré audacieusement leur drapeau ennemi de la France.

Leurs réunions publiques ont retenti de paroles de haine; ils ont même envahi tumultueusement la salle où leurs adversaires délibéraient; ils ont fait insulter d'honorables citoyens par leurs agents provocateurs et les stipendiés de leur police secrète.

---

(1) M. Bergondi.

Leur journal [1] a injurié les Français et la France, impunément, sous la tolérance de cette même autorité française qu'on accuse d'abus de pouvoir intolérables.

Leurs candidats [2] enfin ont affiché, sur toutes les murailles d'un département français, des pro- proclamations dans lesquels ils excitaient la population à mépriser les lois, et les traités, à fouler aux pieds ses serments, à céder aux entraînements de la haine et de la vengeance, à organiser, avec des comités étrangers, des machinations ayant pour but d'entamer l'intégrité du territoire de la République.

Le bon sens de la population a repoussé ces perfides excitations. Les candidats séparatistes ont succombé avec une minorité humiliante et l'élection du 2 juillet, expliquant et corrigeant en ce qu'elle avait de douteux celle du 8 février, a été une nouvelle consécration du plébiscite de 1860 et une nouvelle acclamation du pays en faveur de la France.

---

(1) Le *Pensiero*.

(2) MM. Borriglione et Milon.

IX

Topographie. — Arguments nouveaux. — Les Vallées Françaises. — Tende et la Brigue. — Vintimille. — La Roya. — La frontière réelle. — Négociations. — Fausse solution. — Révendications légitimes. — Griefs politiques. — Nécessités stratégiques. — Passage du col de Tende et du col des Fenêtres. — Analogie.

Si l'on porte les yeux sur une carte, il est facile de se convaincre, à première vue, que Nice et la Savoie sont les extrémités du bassin national Français que la chaîne formidable des Alpes sépare aussi hermétiquement de l'Italie à l'est et au sud-est, que celle des Pyrénées le sépare de l'Espagne au sud.

Nous comprenons que ce fait patent ait été nié par ceux qui, dans nos jours de malheurs, ont cherché à saper la France sur ces terres françaises. Leur erreur volontaire a pu et pourra encore, à force d'être répétée, tromper aussi les gens superficiels et de bonne foi qui, ne sachant ou ne pouvant approfondir les choses, et abusés par de certaines apparences, croient aisément les autres sur parole afin de s'éviter l'étude et le travail.

C'est pour détruire ces fausses appréciations que, ne cessant de combattre ceux qui les propagent, nous continuons notre œuvre, en nous affligeant, sans nous étonner, de voir qu'il faille tant plaider pour l'admission du vrai et du juste.

⚓

Jetons un coup d'œil sur la topographie du pays et déduisons-en la conséquence.

La chaîne des Alpes en arrivant aux sources de la Tinée et du Var, tourne vers l'est, pour achever, sous le nom d'Alpes-Maritimes, la gigantesque ceinture que, depuis l'Allemagne, elle fait à l'Italie du nord. Et par cette direction nouvelle, elle laisse à la France la contrée de Nice, entre ses cimes et la mer, comme, par des inflexions précédentes, elle lui a départi la Savoie.

⚓

Par les ramifications nombreuses et élevées

qu'elles projettent au sud, ces dernières Alpes forment quatre grandes vallées qui, des parois mêmes de la chaîne, descendent avec les eaux de leurs versants, vers la Méditerranée.

Ce sont celles du Var, de la Tinée, de la Vésubie, et de la Roya. Ces grandes artères occupent la majeure partie d'un quadrilatère ayant pour côtés : à l'ouest, la vallée du Var; à l'est, celle de la Roya ; au midi, la mer, et au nord, la chaîne.

Les côtés de l'ouest et du nord, les plus étendus, ont une longueur approximative de 80 kilomètres, ceux de l'est et du sud de 40 kilomètres.

C'est cette figure qui constitue la contrée niçoise, comprenant la principauté de Monaco, sur la ligne du sud, et enclavant ce qui reste de ce petit Etat, partie inséparable, par sa situation comme par sa physionomie, de cette région.

La Tinée et la Vésubie viennent l'une après l'autre unir leurs eaux à celles du Var, tandis que celui-ci, avec la Roya, descend jusqu'à la mer.

Des vallées secondaires courent entre ces vallées principales; mais tous ces accidents, grands et petits, véritables impasses des autres côtés — du côté du nord surtout — ont directement ou indirectement, pour unique accès facile et naturel, le littoral, qui est leur point convergeant, animé et civilisé, avec lequel, à quelques nuances près, elles partagent les mœurs et le langage.

⊥

Une seule exception à ces lois, résultant de la nature même, existe sur un point de ce système.

Vintimille, bâtie en deçà, mais au bord même de la Roya, à l'entrée de la vallée, et sur une éminence qui fait angle avec l'embouchure du torrent et de la mer, est peuplée, ainsi que deux petites localités de sa dépendance, par des habitants de la rivière de Gênes.

Mais ce fait s'explique.

La rive droite de la Roya est en communication facile, à l'embouchure, avec les pays de la rive gauche, tandis que de nombreux contreforts isolent, des côtés du nord et de l'ouest, le point occupé par la ville, de la contrée dont il dépend réellement.

Il est donc naturel que des colons, venant d'Italie, aient pris possession des deux rives pour former le territoire de leur commune; et ils ont dû bâtir leur ville au lieu élevé où elle est placée, à cause de son heureuse orientation, de sa communication facile avec la mer, et aussi parce qu'ils se trouvaient là à l'abri des agressions d'ennemis et en sûreté contre les débordements du torrent.

Il suffit de connaître les lieux pour admettre ce raisonnement.

Les habitants de Vintimille sont donc des Génois d'origine — des Italiens qui ont apporté avec eux des mœurs et un langage différents de ceux des autres habitants des Alpes-Maritimes. Mais le sol où ils se sont établis a-t-il pour cela cessé d'être français! N'est-ce pas, d'après les lois de la nature, l'extrémité orientale de notre territoire national que nous aurions le droit de revendiquer, et qui ne nous a échappé, en 1860, ainsi que Tende et la Brigue, que par le double effet des exigences tardives des commissaires italiens et de l'excessive condescendance des nôtres?

Les rameaux qui clôturent à l'Est le bassin de la Roya et de ses affluents, sont aussi la muraille haute, fortement accentuée, et non interrompue, — si ce n'est, nous l'avons dit, tout à côté du rivage, — qui sépare toute la contrée de Nice de l'Italie, de ce côté de l'Est.

Aussi, comme en dépit de l'erreur et des passions qui s'y plaisent, toute grande cause est fatalement dénoncée par des grands effets, là s'arrêtent les populations françaises, tandis qu'on trouve au-delà de ces monts, comme dans ceux du nord, les dialectes et les mœurs de l'Italie.

Les crêtes de la chaîne, continuées par celles des rameaux dont nous venons de parler, sont donc la vraie ligne de démarcation entre les deux Etats, et le bassin de la Roya doit appartenir à la France.

Le spectateur qui, placé sur un des points culminants de la chaîne de ces Alpes, les a toutes sous ses yeux comme un plan réduit en relief, admire l'accentuation de cette ligne ordonnée par la nature, et s'étonne que les membres d'une Commission de délimitation internationale aient pu se décider à la briser.

⚓

L'Italie, en effet, en rendant Nice à sa patrie naturelle a voulu garder, de ce dernier bassin, deux parties importantes par leur position : Tende et la Brigue, au nord; Vintimille, avec les contreforts qui séparent cette ville de Menton, au midi.

Or, cette réserve faite contre toute équité, contre le vote des populations de Tende et de la Brigue, a rendu la cession incomplète, et a laissé à l'Italie un pied sur le territoire français.

⁂

Rien absolument n'explique la retenue de Tende et de la Brigue. Ces localités n'ont pas plus de raison d'être restées à l'Italie que n'en auraient Saint-Etienne, Saint-Sauveur et Saint-Martin-Lantosque, placées comme elles à la même lattitude, au sommet de leurs vallées respectives et de l'amphithéâtre méridional des Alpes-Maritimes.

Pour Vintimille encore aurait-on cette raison spécieuse qu'elle est habitée par des riverains génois. Mais ce fait anormal, dont nous avons indiqué la cause, doit-il prévaloir — quelques affections ou intérêts locaux que dût blesser une rectification de frontière — devant cette raison capitale de bonnes lignes de défense entre deux grands Etats?

⁂

D'ailleurs, si l'on doit reconnaître que cette localité a gardé le caractère de son origine, il faut aussi constater que son histoire prouve qu'elle a été attachée le plus souvent aux contrées dans la dépendance desquelles la nature l'a placée.

Fondée par les Ligures, elle a été possédée par les Francs et a passé successivement sous diverses dominations, étrangères à l'Italie. Rendue un jour à son indépendance, elle fût cédée[1] aux comtes de Provence par les Génois eux-mêmes qui s'en étaient emparés peu de temps auparavant.

⁂

Ses Comtes, célèbres par leur alliance avec les Lascaris, sous le nom desquels ils brillèrent, à Nice, étendirent une de leurs branches, à cette même Tende située à l'extrémité supérieure de la vallée de la Roya et qui a suivi son sort en 1860.

On cite, aussi, parmi les rameaux de cette maison de Vintimille, les marquis du Luc et les barons d'Ollioules en Provence, qui se sont illustrés à des titres divers à la Cour de Versailles.

C'est ainsi que, toujours attachée à la nation française, Vintimille, à l'époque de la Révolution suivit encore les destinées de Nice et fit partie du premier département des Alpes-Maritimes.

---

(1) En 1266.

On le voit donc, l'histoire est d'accord avec la topographie et la science stratégique, pour appuyer les raisons qui demandent que cette petite ville forte soit en dedans de la ligne française.

⁂

Les habitudes des populations indiquent les liens qui les unissent à nous. Nous avons déjà montré les éleveurs qui peuplent ces montagnes, venant forcément passer l'hiver dans les douces contrées du littoral de la Provence, depuis Menton jusqu'à l'Estérel.

Le berger de Tende et de Brigue a ses affaires, comme sa patrie, sur ce littoral, où il trouve un placement lucratif de ses produits, et non au-delà des Alpes. Mais il a à souffrir, aujourd'hui, dans ses pérégrinations semestrielles, des vexations auxquelles le soumet la double ligne de douanes qui sépare sa patrie politique de sa patrie naturelle.

Nous pouvons ajouter que, commerçants comme producteurs, n'ont que des rapports très-rares avec le Piémont et que toutes leurs relations, toutes leurs affaires sont avec la France malgré les entraves douanières.

⁂

Au seul examen de leurs produits, à la simple inspection des lieux, il est impossible de méconnaître que les intérêts des vallées supérieures de la Roya et de la Bevera sont inséparables de ceux de Nice. Leurs produits principaux sont l'huile, le foin, les bestiaux. L'importation de ces denrées a lieu à Nice et en France et non pas en Ligurie et en Piémont.

D'autre part, les produits qui leur manquent le plus sont les grains et le vin et elles ne peuvent en recevoir que de Nice et de la France.

Les vœux et les intérêts de Tende et de la Brigue ont donc été méconnus et grandement sacrifiés en 1860.

⚓

Pour Vintimille, ses intérêts matériels sont dans des conditions semblables à celles des localités du haut de la vallée. Ses grandes productions, l'huile d'olives et les citrons, surabondent en Italie, tandis que la France les importe avec des droits protecteurs. Avec le chemin de fer aussi, Menton et Nice vont être comme les entrepôts de cette ville, qui n'a pour ses relations commerciales qu'une sortie par la mer.

⚓

L'obstination du Piémont à retirer les promesses du 24 mars 1860 et à conserver la ligne militaire de la Roya que M. de Cavour qualifiait de formidable, ouvre le champ aux suppositions. Cependant l'Italie est-elle fondée à persister dans cet entêtement et à nous refuser la restitution de ce qui nous manque de cette vallée ?

Si la ligne de la Roya est formidable, n'est-il pas juste, que les avantages de la positition ne soient pas au pouvoir d'un seul de deux Etats voisins, mais qu'ils soient, au contraire, partagés entre eux ? Ce partage n'est-il pas rationnel pour la frontière du Levant et pour celle du Nord. N'est-il pas juste de ne s'arrêter qu'aux crêtes des monts et non à leurs rameaux.

C'est pour ménager les chasses du roi, dit-on, que les extrêmités supérieures des trois premières vallées, et nos versants de la chaîne, comprenant de vastes forêts, ont été retenues par l'Italie. Ce sont des pressions politiques de clocher, qui ont fait exiger de la part de la France, le sacrifice du haut de la dernière vallée et de ses populations, déplorablement abandonnées après avoir été admises à exprimer leur vœu.

Pour la première de ces raisons, il eût été facile, il semble, de faire les plus larges réserves pour les habitudes de Victor-Emmanuel, sans tronquer, si malheureusement pour la France, la ligne de frontière. Quant à Tende et à la Brigue, nous voulons croire que M. de Cavour ait été contraint à faire cette concession aux exigences d'influences particulières avec lesquelles il était facile de compter, mais il est bien malheureux quand des questions aussi capitales se trouvent contrebalancées par des affections ou des intérêts privés. Quelle responsabilité pour l'avenir de la part de ceux qui en sont la cause !

Si, en effet, les nécessités des relations internationales, qui s'étendent de jour en jour, tracent à travers ces grandes montagnes des moyens de communication rapide par la percée d'immenses tunnels, c'est une raison de plus pour que des garanties sérieuses soient données aux nations limitrophes contre des envahissements devenus, par là, infiniment plus faciles.

C'est cette considération qui a rendu l'affaire du Mont-Cenis si scabreuse et qui a compliqué celle du Saint-Gothard. Il ne faut certes pas la mettre à l'écart à propos du col de Tende.

⊥

Si nous insistons sur ces revendications légitimes, ce n'est pas pour le plaisir d'irriter, l'amour-propre, les susceptibilités, — nous n'oserions dire l'égoïsme de l'Italie.

Nous savons bien qu'il n'est pas sans danger de réclamer les concessions, même les plus nécessaires, même les plus justifiées, de la part de ceux, notamment, qui vivent dans un ressentiment continuel.

Nous n'avons pas non plus la puérile ambition de posséder quelques arpents de plus, deux ou trois bourgades sans grande importance, quelques monts couverts de neige et presque sans rapport.

Mais, sans parler davantage de la frontière naturelle qui est l'une des plus prononcées du monde, nous appuierons sur le nouvel argument que nous avons puisé dans la nécessité d'avoir nos limites stratégiques.

⊥

Nous parlions tout à l'heure du Mont-Cenis.

— Croit-on que la France aurait jamais consenti à son percement et à la construction de la voie ferrée qui va traverser ses flancs, si elle n'avait été maîtresse d'une des têtes du tunnel de ce passage des Alpes.

Or, si cette entreprise pouvait soulever des difficultés, alors que le souterrain débouche à dix ou douze lieues de l'ancienne frontière, entre la France et la Savoie, qu'en sera-t-il pour le col de Tende qu'on propose aussi de percer?

⊥

Le génie militaire admettra-t-il le trajet d'une voie ferrée par ce col, pour relier Nice au Piémont, si le versant méridional du mont, — là même où débouchera le tunnel projeté — n'appartient pas à la France?

Tant que l'Italie conservera le versant français de la chaîne de Tende, elle aura en mains la clé d'entrée du territoire français; on ne lui laissera certes pas établir une porte donnant sur nos domaines, à trois ou quatre lieues seulement de nos limites.

Il en serait de même à l'égard d'un autre projet que nous avons entendu préconiser et qui tendrait à établir un chemin de fer entre Nice et Coni par la vallée du Paillon — ou du

Var — la Vésubie et le col de Fenestre. La France n'y pourrait consentir tant que sa limite du côté de Saint-Martin-Lantosque ne serait pas reportée jusqu'au sommet des monts, sous lesquel déboucherait le tunnel de cette voie.

⁂

Alors même que la France ne pourrait pas s'opposer au percement du Col, on ne saurait du moins lui refuser, dans son intérêt et pour sa sécurité, le droit d'empêcher que la ligne ferrée traversât son territoire. Ce même droit lui appartient en ce qui touche même à l'établissement de la nouvelle route projetée qui doit mettre le Pièmont en communication directe avec Vintimille, par la vallée de la Roya. Ces tracés passent en effet sur le territoire français dans leur partie médiane. Aux deux extremités, ils sont sur le territoire retenu par l'Italie.

Si la vallée était, comme elle doit l'être, entièrement attribuée à la France, une fois le col franchi, on entrerait dans ce pays pour n'en plus sortir et toutes difficultés, comme toutes complications à venir, seraient applanies.

La France et la Haute-Italie ont certainement

un grand intérêt à se donner la main au travers des Alpes-Maritimes par des voies commodes et rapides, mais ce vœu, ce besoin des populations ne pourra être équitablement et prudemment satisfait qu'à la condition que chacun des deux pays aura une entrée du passage pratiqué sous les monts, — sous cette muraille, si évidemment mitoyenne entre les deux patries.

⁂

Qui nierait la légitimité de nos observations et, nous le déclarons bien, de notre opinion invariable sur ces différents points? Ce ne peut être l'Italie, car, en ce moment même, elle élève de pareilles prétentions sur le Tyrol méridional.

Evidemment la partie du Tyrol qui est en deçà des Alpes rhétiques appartient à l'Italie; il faut qu'elle lui fasse retour. L'Autriche y résistera vainement, tout ou tard la nature l'y forcera, et enlevera ses habitants à sa domination.

Eh! bien, n'y a-t-il pas une analogie parfaite entre cette question et celle de Nice française? Et cette analogie n'est-elle pas plus frappante encore si l'on s'attache spécialement au sort de Tende et de la Brigue?

⁂

S'il suffisait de compter sur la raison, notre cause serait gagnée même auprès de nos adversaires, car eux aussi ont trouvé odieux que des provinces, faisant partie naturelle de la famille italienne, fussent sous le joug de l'Autriche. Quelle raison peuvent-ils donner pour que des parcelles dépendantes du sol français restent en leur pouvoir?

Faut-il cependant qu'il y ait des gens pour qui il est toujours bon de prendre sans rien concéder, alors même que les proportions sont à leur avantage?

Quoi qu'on en puisse dire — Lombardie et Vénétie, — Tyrol italien, — Nice et Savoie — sont, abstraction faite de la différence des races, et des antipathies naturelles, des questions adéquates presque identiques. Pourquoi les pèse-t-on dans des balances et avec des poids si différents?

Toutes ces considérations demanderaient à être développées d'une manière plus étendue. Peut-être un jour entreprendrons-nous ce travail qui aurait pour effet sensible d'éclairer les esprits en mettant sous les yeux du public ce qui n'a été jusqu'à ce jour que trop réservé aux secrets de la diplomatie.

Lorsque les questions sont présentées sous leur vrai jour, l'opinion ne tarde pas à se mettre du côté du droit. Mais quant à présent contentons-nous d'avoir trouvé, dans la réfutation des sophismes qu'inspire l'intrigue ou une ambition passionnée, l'occasion de mettre en relief ces revendications de territoires que la France a le droit d'exercer pour sa part comme l'Italie pour la sienne.

CHAPITRE X.

Tactique des séparatistes. — Ils faussent l'esprit public. — Les compagnons du Tour de France. — L'éducation de la jeunesse. — Liens étroits avec la France. — Erreur concernant la langue. — Origine des séparatistes. — Garibaldi, né à Nice, est-il Niçois ? — On a exploité Garibaldi. — Noms provençaux et italiens. — Masséna. — Coup d'œil retrospectif. — Situation actuelle.

Il entre dans la tactique des séparatistes de flatter les souvenirs du peuple Niçois en exaltant son dévouement passé, sa fidélité proverbiale pour la dynastie de Savoie. Ils jouent ainsi avec des émotions respectables, et leur habilité se dévoile en cela, car ils savent que le peuple cède toujours aux impressions vives et récentes qui touchent le cœur.

Mais il s'en faut qu'il en ait toujours été ainsi. Quand le Piémont était sous le joug d'une monarchie absolue, despotique, dont il ne fut délivrée qu'en 1848 par le contre-coup de la Révolution française, lorsque la Maison de Savoie était dans la main des jésuites et sous le talon de l'Autriche, toutes ces exaltations étaient loin d'exister.

⁂

Les Niçois alors ne cessaient de tourner leurs yeux vers cette terre voisine de France où germait le fruit de la liberté et de la civilisation. Ils se souvenaient des bienfaits de leur réunion à la France en 1792, et l'espérance d'en jouir encore leur avait fait saluer avec transport la révolution de 1830. Elle ne brisait pas encore leurs fers, mais elle leur présageait du moins la fin plus ou moins prochaine de leur humiliation et de leurs souffrances.

Pendant de longues années, fidèles à ce culte, ils faisaient le pèlerinage du pont du Var, aspirant ardemment à la terre promise, saluant de leurs vœux et de leurs soupirs ce drapeau tricolore qui flottait sur l'autre rive comme une promesse et un encouragement.

Parmi nos concitoyens d'aujourd'hui, il existe encore plus d'un contemporain de cette Révolution de Juillet. Qui d'entre eux ne se souvient de l'apparition des trois couleurs dans le port de Nice, peu de temps après l'avénement de la dynastie d'Orléans ? — Un navire français franchit le môle portant fièrement son pavillon; aussitôt tous les bateaux se pavoisent, comme en un jour de fête — et c'était grande fête en effet.

⁓⁂⁓

Ces manifestations en faveur de la France n'étaient pas rares à cette époque, et le consul de cette Nation était le soutien des opprimés, le représentant et le défenseur des principes de droit, de justice et de liberté, toutes les fois qu'il lui était possible de les servir.

Tout est bon à noter quand on veut se rendre compte des instincts populaires ; est-ce que jamais il a été question, que les ouvriers et compagnons niçois fissent leur Tour d'Italie? Cela n'est jamais entré dans la pensée d'aucun d'eux, mais au contraire, comme l'a dit tout récemment le poète niçois [1] : « Ils sont tous « allés faire leur Tour de France »

Et les pères de famille, à quels établissements confiaient-ils l'éducation de leurs enfants ? Etait-ce aux colléges d'Italie, à Turin, à Milan, à Florence, à Gênes? Etait-ce même à ce col-

---

(1) Guizol.

lége de Nice, italien par ordre, dirigé par des jésuites ? Nullement. Tout au plus envoyait-on à ce dernier, les jeunes gens que leurs familles destinaient aux emplois du gouvernement ; les propriétaires, les rentiers, les commerçants préféraient pour leurs fils l'éducation plus libérale des colléges de France et les envoyaient à Grasse, Avignon, Tournon, Cette, ou dans les institutions françaises établies à Nice, à Monaco. Ce fait est caractéristique, mais il est des plus naturels ; les choses ne pouvaient pas se passer autrement dans une population qui n'a jamais parlé que la langue du Midi de la France ou le français.

⚓

On peut justement étendre cette remarque au delà de Nice et l'appliquer à toute la contrée entre le Var et la Roya. La principauté de Monaco plus rapprochée encore de l'Italie, ainsi que les territoires de Menton et de Roquebrune qui en sont limitrophes, n'ont jamais eu que des aspirations françaises ; leurs lois étaient les mêmes, leurs actes et traditions administratifs les mêmes ; à Paris était leur Cour d'appel ; au sang de nos soldats s'est mêlé le sang des leurs et parmi nos illustrations nationales brille plus d'un nom sorti de leurs murs. Françaises comme Nice, elles sont peut-être demeurées plus françaises encore qu'elle ; cela vient sans doute de ce que depuis l'élévation de leur Maison les princes de Savoie n'étaient plus restés aussi fidèlement attachés à la France que les Grimaldi de Monaco qui n'ont jamais cessé de vivre de la vie de la France, d'y contracter des alliances, et de tenir un rang à sa cour.

La principauté a toujours été elle-même un petit pays français, enclavé dans le Comté de Nice, devenu piémontais par force et protestant contre cette violence par ses institutions, son langage, et ses mœurs.

Du reste, indépendantes ou non, les grandes familles de cette contrée, à Nice comme à Monaco, ont été en tout temps attirées vers la France. Les Lascaris comme les Grimaldi ont suivi ce penchant naturel, et à l'exemple des Princes, tous les hommes d'intelligence de ce pays ont mis leurs capacités au service de la France qui a su les utiliser et les récompenser.

Combien croient, à l'étranger, que le peuple

de Nice parle italien; c'est une grave erreur que les séparatistes ont intérêt à entretenir et à propager.

A-t-on jamais vu, à Nice, une enseigne en italien, si ce n'est celle de quelque guinguette de faubourg ou de quelque auberge suburbaine, fréquentée par des ouvriers piémontais.

L'italien n'a jamais paru que sur les affiches légales sous la domination sarde; c'était une énigme pour bien des gens, et aucuns ne l'étudiaient que ceux qui devaient dans leur carrière avoir des rapports avec le gouvernement et ses agents, ou ceux qui n'ayant pas des ressources suffisantes pour apprendre le français, étaient obligés d'aller dans les écoles publiques apprendre la langue obligatoire, la langue imposée.

Ce qu'il est utile de noter aussi, c'est que plus d'un de ceux qui font la guerre à la France sont d'origine française. Que de curieuses choses on constaterait si l'on voulait se livrer à quelques recherches à cet égard. Les registres de l'Etat-Civil, les archives de la Préfecture en fournissent des preuves singulières et qui accableraient ceux que nous pourrions nommer. Il ne faudrait même pas, pour le plus grand nombre de ces gens pleins d'inconséquence, remonter bien loin pour découvrir que tel qui se montre hostile à la France est fils de Français ou Français lui-même de naissance.

⚓

Les plus habiles se placent sous la protection du plus glorieux des enfants de Nice et exploitent, à leur profit, sa popularité. Dieu nous garde de manquer aux convenances quand nous entreprenons de parler d'un homme de la valeur de Garibaldi. Mais en appréciant les actes de la vie politique du héros niçois, on peut constater, sans être taxé d'irrévérence, qu'un général peut être grand sur le champ de bataille et fort médiocre au sein d'une assemblée parlementaire : nous en avons vu plus d'un exemple dans les temps récents.

Une bravoure même légendaire, comparable à cette intrépidité de Garibaldi sur les champs de bataille, ne se plie que difficilement aux exigences de la vie civile, à ces détails mesquins, à ces compromis perpétuels dont se composent les intrigues des partis et les transactions internationales. Nous avons vu de ces natures, indomptables à la guerre, se briser aux écueils de la tribune. Francs et loyaux, ces hommes d'épée ne comprennent rien aux menées des hommes d'ambition qui n'ont guère de soucis d'eux, mais qui recherchent leur appui afin d'avoir à inscrire sur leur drapeau un nom illustre.

⁂

Cela peut expliquer comment Garibaldi, né à Nice, s'est laissé entraîner dans le camp des opposants à la cession de 1860 et dans celui des séparatistes de 1870. Il cédait ainsi aux inspirations du sentiment et la politique ne se fait pas de sentiments; c'est pourquoi son âme généreuse n'a pas compris la pensée de M. de Cavour, dictée par la nécessité des circonstances; c'est pourquoi aussi, n'ayant pas su se résigner en temps à un sacrifice trop justifié, il n'a pu, dix ans plus tard, reconnaître sa première erreur et se persuader qu'il y a de la grandeur à immoler des illusions personnelles à un grand intérêt national.

Mais cette faute ne retombe pas sur le général Garibaldi. Ceux-là en porteront, devant leur pays, la responsabilité tout entière, qui exaltant hors de toute limite sa popularité méritée, se sont efforcés de surprendre et de passionner l'imagination déjà suffisamment ardente de cet illustre italien.

⁂

Mais, comme le lui disait déjà la *Nazione*, de Florence, en 1860, « que Garibaldi se tranquillise. Nice, désormais française par le suffrage universel, n'est pas perdue pour l'Italie. Au sein de la Nation française, elle est un gage d'éternelle amitié, qui, pour le salut des deux peuples, reserrera encore l'alliance Franco-Sarde. »

Nice sait qu'elle a été l'otage de cette union et là est le secret de l'unanimité de son vote de 1860.

⚓

Les noms de la plupart des habitants de Nice, et des pays qui l'environnent sont des noms provençaux ; on trouve les mêmes noms et les mêmes terminaisons le long des deux rives du Var. Si l'on rencontre parfois quelques noms italiens, ils proviennent presque tous d'individus d'origine italienne et non d'autochthones, et dans tous les cas, de gens arrivés trop récemment dans le pays pour avoir le droit de se dire Niçois.

Garibaldi, on le sait, est dans ce cas d'origine étrangère. Il n'est pas Niçois de vieille date. Nice cependant a le droit de le revendiquer comme un de ses plus glorieux enfants, parce qu'il est né dans ses murs et qu'il lui appartient par sa mère. Mais son père, comme tous les Garibaldi et autres noms si nombreux de cette terminaison, était de la rivière de Gênes, de Port-Maurice.

⚓

Certes, c'est un grand honneur pour Nice d'avoir vu naître le héros, mais est-ce une raison pour dire que Nice doit être italienne parce qu'elle est la patrie de Garibaldi qui est Italien ?

Mais Nice ne se glorifie-t-elle pas aussi d'être la patrie de Masséna ? Or Masséna est Niçois de la plus vieille origine ; la racine de son non suffit à l'indiquer, les *Mas* et les *Sena* sont un radical et une terminaison de très-anciens noms de la montagne du Comté de Nice.

Entre Masséna, général français, et Garibaldi général italien, le parallèle peut s'établir. Si cependant Nice, en mettant en balance leur égale intrépidité, décerne la palme du désintéressement au libérateur de l'Italie, il n'en est pas moins vrai qu'elle avait déjà donné le nom de l'Enfant chéri de la Victoire à tout un quartier de sa ville nouvelle, avant que la renommée de Garibaldi fut arrivée à son apogée. Nice cependant était encore alors sous le gouvernement absolu du Piémont, ce qui ne l'empêchait pas de manifester en toutes occasions ses vives sympathies pour la France.

⚓

Aujourd'hui le nom de Garibaldi comme celui de Masséna baptise nos places publiques. C'est que les yeux et le cœur du peuple se tournent toujours du côté de la gloire et de la liberté. Nice a voulu perpétuer la mémoire de ces deux hommes dont l'illustration rejaillit sur elle. Elle a déjà élevé un monument à Masséna. Garibaldi aussi aura bientôt sa statue.

De toutes les preuves que nous avons accumulées dans cet ouvrage, de tous les documents historiques et diplomatiques que nous avons étudiés pour former notre conviction, il ressort jusqu'à la dernière évidence que Nice n'a jamais cessé d'être française même quand elle a été violemment détachée de la France.

L'acte de Saint-Pons, en 1388, loin de fournir des arguments aux séparatistes confirme notre thèse. Nice était attachée à la Provence, et sous la protection et les lois de ses Comtes, elle jouissait de ses franchises municipales dans la plus large étendue. Les actes de cession de ses suzerains avaient augmenté successivement ses priviléges; nous rappelerons notamment la Charte de 1238 qui assurait à l'évêque de Nice toute juridiction générale et spéciale et tout droit sur les hommes et les choses que détenait à Drap le comte Raymond Bérenger.

Au temps de ses malheurs et lorsque sa maison déclinait, la comtesse Jeanne, fuyant Louis de Hongrie et réfugiée dans son comté de Provence, affranchit encore plusieurs communes des Alpes-Maritimes. Les gens d'Utelle, de Levens et de Lucéram acquirent en ce temps une indépendance qu'ils surent défendre contre les seigneurs italiens, marquis de Dolce-Aqua, et baron de Boglio, qui convoitaient ces domaines.

Toutes les calamités s'étaient appesanties sur le pays de Nice, lorsqu'intervint le „pacte de 1388. Nous avons déjà recherché quelle est sa véritable signification? — Est-ce Nice se donnant volontairement à des princes italiens? Non assurément, et la preuve en est dans le texte même de l'acte aussi bien que dans les raisons qui ont fait préférer le comte de Savoie à tout autre concurrent.

Qu'on nous permette d'ajouter quelques mots encore :

Ladislas, était le souverain légitime; l'acte de

1388 le qualifie de *Naturel Prince et Comte de Provence*. Mais Ladislas ne peut défendre son Comté envahi, il délie les Niçois du serment de fidélité et c'est précisément son sénéchal qui leur propose Amédée VII. Mais sous quelles conditions ? Sous la garantie de leurs immunités d'une part, et de l'autre, sous la réserve des droits de Ladislas qui aura trois ans pour les revendiquer.

Les populations acceptent, mais nous avons constaté qu'il y eut des Vigueries qui attendirent que les trois ans fussent expirés avant d'accorder leur assentiment. Cette manifestation est claire.

Ce qui la corrobore encore c'est que l'acte de Saint-Pons ne fut passé par l'*Université et les hommes de la Cité de Nice* que comme représentant la ville et les citoyens du district de la Viguerie ; il avait été tenu plusieurs conseils à ce sujet et c'est à l'unanimité qu'avait été choisi la voie de salut proposée par Jehan de Grimaldi.

Il ressort de là un fait qui n'a pas été apprécié jusqu'à ce jour dans sa véritable portée, c'est que ce changement de régime, négocié par les magistrats, adopté par les habitants, n'a pas été motivé pour le besoin de changer de nationalité. Loin de là.

C'est ici que nous croyons utile de toucher de nouveau à la question de la nationalité des princes de la Maison de Savoie. Les plus grandes choses du monde ont d'humbles origines, mais la recherche et l'explication de ces origines font ordinairement la lumière sur les faits discutés. Nous avons eu occasion de citer les différentes versions historiques de l'origine de la Maison de Savoie et il en est résulté la preuve qu'elle est de souche française.

Lors même que les princes de la Maison de Savoie commencèrent à se détacher de la France, il y eut encore entre eux et la Cour de Versailles de nombreuses alliances dont l'énumération est inutile, car nous n'avons eu vue de prouver ici que ce seul fait désormais incontestable, que au moment de pacte de 1388, Nice n'entendait nullement s'annexer à l'Italie, mais bien se conserver à la France.

Prenons un autre aspect de cette question. Nice passe donc en 1388 sous la domination de la Savoie et non de l'Italie. Est-ce que l'Italie existait d'ailleurs, comme Etat, à cette époque ?
Les comtes de Savoie, devenus ducs rêvent de

devenir rois. Ils sont entreprenants et la fortune les sert. Ils s'agrandissent peu à peu au détriment de leurs voisins et gagnent du terrain en France, en Suisse, en Italie. Le Piémont leur échoit dans l'héritage d'Adélaïde de Suze : c'est là que sera leur royaume ; du jour où ils le comprennent, ils abandonnent tout rêve d'ambition des autres côtés.

Au Piémont, érigé en royaume, ils apportent, comme terres de fiefs, l'île de Sardaigne qu'ils avaient reçue en échange de l'Autriche, et les deux territoires qui leur restent au-delà des Alpes, au pied des versants français, le berceau de leur famille et le Comté de Nice.

Ce n'est donc pas même un Etat italien qui s'annexe ces deux provinces de la Gaule Transalpine, c'est le suzerain de celles-ci qui les apporte, comme terres de vasselage, à l'Etat italien dont il devient le roi. Y a-t-il là, au profit des séparatistes, un argument solide pour prouver que Nice et la Savoie ont été jamais et doivent être des pays italiens ? Nous y voyons la démonstration contraire.

Si parmi ceux même qui doivent leur vie nouvelle au principe des nationalités, il se rencontre des gens qui ont tant de peine à vouloir concéder un droit équivalent aux autres, ce n'est pas une raison pour effacer ce droit et ce principe du code des nations modernes.

⚓

C'est la gloire de notre temps de consacrer des vérités dont il était tenu peu de compte autrefois. Dans les temps passés, les fractions des nations passaient au hasard sous la domination des princes les plus étrangers et on les soumettait à ce joug par la voie des échanges et des héritages ou par la conquête et la compression.

Ainsi parvint aux princes français de la Savoie-Française, le Piémont Italien et ils s'y établirent parce qu'il était la plus considérable de leurs possessions. Mais il n'est pas vrai que ce soit ce pays italien qui a amené à lui ces deux provinces françaises ; il est incontestable, au contraire, que ce sont les souverains de Savoie, princes français, qui ont annexé le Piémont à leurs autres domaines parmi lesquels Nice figurait depuis 1388.

La distinction est capitale ; les rois de Sardaigne l'ont conservée dans la nomenclature de leurs titres. Ce n'est qu'en devenant souverain de toute la péninsule que l'héritier de la Maison de Savoie abandonna ces diverses appellations purement honorifiques — de duc de Savoie, de roi Chypre et de Jérusalem, etc. — pour prendre le seul nom de roi d'Italie.

⚜

Abandonnant le titre, il reconnaissait en même temps qu'il doit renoncer à la chose; le grand homme d'Etat qui a préparé l'unification italienne l'avait compris aussi. C'est pour cela que ces deux arbitres des destinées de la péninsule restituèrent à la France, les deux territoires nécessaires à son unité.

Si l'on veut bien y réfléchir, cette cession, sanctionnée du reste par le vote de la population et par l'accord de la diplomatie, n'était-elle pas le droit du roi chevalorosque, comme il a voulu, malgré le sacrifice, que ce fut son honneur?

⚜

Il suffit de s'élever à la hauteur de ces nobles sentiments pour les comprendre et les partager. Pour nous, si quelque chose devait nous paraître contraire aux lois de la nature et de la raison, c'est que Nice et la Savoie fussent attachées à un pays italien; si quelque chose, au contraire, doit paraître naturel et juste, aux yeux de tout homme de bons sens et de bonne foi, c'est que ces deux contrées soient à la France.

On l'a décidé ainsi en 1860 ; on a eu raison et il n'y a pas à revenir là-dessus.

Nous en restons à cette conclusion, souhaitant qu'elle soit admise par tous ceux qui peuvent encore avoir la velléité de la combattre et surtout par les citoyens de ces terres françaises qu'ils soient devenus français par leur adhésion, ou qu'ils aient conservé des liens avec cette Italie qui n'a plus besoin de s'agrandir pour satisfaire toutes les ambitions légitimes et pour utiliser tous les dévouements.

CHAPITRE XI

Administration.— M. Paulze-d'Ivoy. — M. Gavini.— M. Malausséna. — Complaisance et autocratie. — Exclusivisme. — La fusion ne s'opère pas. — Calculs d'influence.— Renversement de l'Empire. — M. Pierre Baragnon. — M. Blache. -- M. Marc Dufraisse. — Le *Diritto.* — Excitation et irritation croissantes. — Emeutes. — Elections municipales. — Elections complémentaires à l'Assemblée nationale.

Nous avons parlé précédemment des fautes qu'on reproche, à tort ou à raison, aux administrateurs qui se sont succédé à Nice depuis 1860. Nous allons nous livrer à l'appréciation de leurs actes, en laissant avec soin leur personnalité à l'écart. Si quelqu'un d'eux lit cet ouvrage, qu'il se persuade que les jugements que nous y portons ne sont inspirés que par la froide analyse des faits, et par le seul désir de signaler les écueils auxquels on s'est heurté dans le passé, et qu'on doit chercher à éviter dans l'avenir; qu'il soit convaincu que la sévérité de nos observations n'enlève rien à l'estime que nous conservons pour chacun d'eux en particulier.

⁂

Depuis le vote de 1860 jusqu'à la révolution du 4 septembre 1870, Nice n'a eu que deux préfets. Avant cette période, un haut personnage [1] avait représenté le gouvernement français, comme une sorte d'envoyé extraordinaire et d'ambassadeur, ayant mission de surveiller le scrutin et d'en assurer la sincérité et l'intégrité.

Son rôle fut des plus faciles, car les sympathies universelles l'entouraient, et les témoignages qu'il en recevait chaque jour allaient même jusqu'à revêtir une forme obséquieuse et gênante à force d'être louangeuse.

C'était l'époque des hyperboles, paraît-il. Cet état se prolongeait encore après le départ de ce haut personnage, et le premier administrateur du département [2], qui lui succéda comme représentant du gouvernement, eut, dans ses débuts, à en recueillir les heureux effets.

---

(1) M. Piétri.
(2) M. Paulze d'Ivoy.

Il est cependant inutile de parler longtemps de ce premier préfet ; son administration a été trop courte pour avoir laissé des traces profondes. Son plus grand tort est peut-être là. Il n'a été qu'un préfet éphémère, comme quelques-uns de ceux que la République de 1870 nous a envoyés depuis, et, ainsi qu'eux, il n'a pas pu, occupé de soins plus importants, étudier les caractères et les mœurs des habitants du pays et capter les suffrages.

⁂

Du reste, son administration profitait, ainsi que nous venons d'en faire la remarque, de cet enthousiasme qui avait amené le vote des 15 et 16 mai 1860. Ce souvenir était encore dans toute sa force, et le premier préfet des Alpes-Maritimes se sentait appuyé sur ces sentiments sympathiques dont la manifestation venait d'être unanime.

Mais il y avait, sur la fin de son séjour à Nice, un levain d'opposition qui fermentait déjà dans les bas-fonds de certaine partie infime de la population qui avait vu, avec froideur, le retour à la France, qui lui était même hostile et qui cherchait, dès ce moment, l'occasion de battre en brèche la puissance française.

Elle grossit à plaisir des faits insignifiants, reprochant à l'administration de multiplier la police avec trop de luxe, et de faire acte d'arbitraire en supprimant, pendant peu de jours, un passage public sous la Préfecture.

En vérité, c'est descendre à bien peu que d'en être réduit à discuter de pareilles vétilles. En quoi cela intéresse-t-il le pays et ses rapports avec la France ? En quoi cela amoindrit-il la signification de vote des 15-16 avril 1860 ?

Parce qu'un préfet aura été mal entouré, mal conseillé, mal inspiré, faut-il en conclure que la France subjugue Nice et que Nice est antipathique à la France ? Qui, d'ailleurs, entourait et conseillait le préfet d'alors ? — Des Niçois.

Nous ne leur demandons pas compte de leurs intentions, mais ce sont eux qui avaient persuadé au préfet d'agir comme il l'a fait. Si le préfet, à leur instigation, a commis quelque maladresse, on nous permettra de dire qu'il en est bien moins coupable qu'eux.

Sans doute, c'était une faute que d'augmenter trop rapidement le personnel de la police. C'était même plus qu'une faute, c'était une injure à la population qu'on paraissait mettre en suspicion après l'élan admirable du vote de 860.

Mais si l'on sonde l'intention de l'administrateur, on devient plus indulgent envers lui, car on reconnaît qu'il ne s'est proposé d'autre but que de protéger précisément la paisible population niçoise contre les mauvais sujets qui pullulent dans une ville aussi considérable, dans une ville où les avantages du régime nouveau allaient nécessairement attirer une masse énorme de ces Piémontais qui, ne vivant qu'à grand'peine chez eux, chercheraient des moyens d'existence dans une contrée où la fortune se concentrait.

⊥

Il y avait, dans le pays, de détestables habitudes que ces nombreux Piémontais entretenaient et qui ne sont pas encore complétement déracinées : les chants, les tapages nocturnes, les rixes et tumultes dans les rues, se terminant presque toujours par le jeu du couteau, par le meurtre, ou par des blessures graves, scènes scandaleuses qui avaient à peu près exclusivement pour acteurs des cochers ou des portefaix, étrangers à la localité, la lie du Piémont.

Les gens paisibles ne demandaient pas mieux que d'en être débarrassés. Pour répondre à ce vœu légitime, il fallait organiser une police solide qui n'existait pas. C'est ce que voulut faire le préfet et on devrait l'en louer.

Quoi qu'il en soit, cet éminent administrateur a laissé dans le pays, le souvenir de son esprit bienveillant. Il n'a pas fait le mal que ses ennemis lui ont attribué ; il n'a pu faire le bien qu'il méditait et qu'on était en droit d'attendre de sa sagesse et de son expérience.

Du reste, la brillante carrière qu'il a parcourue, depuis son départ de Nice, suffirait pour le défendre contre ses détracteurs, si déjà leur propre exagération et l'injustice de leurs accusations ne démontraient surabondamment la passion qui les a poussés.

Le second préfet nommé à Nice par l'Empire [1] a conservé l'administration du département pendant de longues années. Chose curieuse à noter : le premier pensait, en acceptant la préfecture de Nice, prendre un poste fixe pour un très-long laps de temps ; le second, au contraire, croyait n'y résider que peu d'années.

---

(1) M. Gavini.

Or, les choses se passèrent contrairement à ces vœux et à ces prévisions. Le premier n'est resté à Nice que quelques semaines ; il a fallu une révolution et le renversement d'une dynastie pour enlever l'autre à son poste.

Le second préfet français arrivant à Nice paraît avoir eu pour premier soin de chercher un point d'appui dans quelque notabilité locale qui lui évitât tout conflit et qui lui procurât le repos.

Il trouva ce concours dans un homme habile et intelligent [1], qui exerçait alors une influence considérable sur la population. C'était une notabilité de la contrée, qui devait sa situation à des talents réels, à des services anciens et récents rendus au pays, à un rôle actif exercé dans le vote du plébiscite et à un tact particulier qui lui donnait une grande autorité sur les masses et lui permettait de flatter et de diriger les instincts populaires.

⚓

Le préfet avait là un auxiliaire dont il devait bien se garder de négliger la puissance. Une alliance tacite s'ensuivit, qui reposait sur le désir de participer, d'un commun accord, au bien public, mais qui, grâce à une condescendance, peut-

---

(1) M. Malausséna.

être exagérée, effaçait parfois le préfet au profit du maire.

Le maire avait tout en lui pour prendre la domination. L'intelligence élevée, la fermeté de caractère, l'esprit sarcastique, le discours sobre, le geste rare, le regard pénétrant ; en un mot, physionomie, allure et parole faits pour s'imposer et servir de drapeau.

Cette domination, il l'obtint. Pendant dix ans, il reçut de la France, avec des faveurs qu'on ne lui marchandait pas, une omnipotence singulière. Mais on lui a reproché, avec quelque raison, de n'avoir pas usé de cette influence, que doublaient la complaisance et les largesses de l'administration centrale, pour ramener, dans la droite ligne, les esprits égarés et pour effacer jusqu'aux derniers vestiges de ces arrières-pensées que quelques-uns s'efforçaient d'entretenir dans la population.

⚓

Pendant cette période décennale, ce fut un parti pris d'écarter du Conseil municipal tout élément étranger, et de n'y admettre que l'élément purement niçois. Cet exclusivisme a atteint, dans ces derniers temps, le point le plus extrême de la rigueur ; ainsi, on en était arrivé à cette exagération de repousser de l'administration communale tous ceux qui, quoique Niçois, n'étaient pas nés à Nice et tous ceux qui, Niçois et nés à Nice, auraient pu introduire, dans le sein de l'assemblée locale, un esprit de contrôle et de critique ; cela eût pu gêner ; cela aurait mal cadré avec les traditions autocratiques qui, des hauteurs des sphères gouvernementales, s'infiltraient jusque dans les profondeurs de toutes les administrations.

⚓

Qu'en est-il résulté ?

La fortune et les honneurs pour les personnages les plus importants de la contrée, le développement de la prospérité matérielle du pays : tout cela est vrai et nul ne pourrait le nier.

Mais au point de vue de la fusion des idées, de l'apaisement des dissentiments, aucun effort n'avait été tenté, ou s'il en avait été tenté, aucun résultat n'avait été obtenu.

Il semblait, au contraire, que, encouragés par certaines réticences, par des habiletés de manœuvres, par des semblants de sympathie qui n'étaient que des calculs d'influence, les meneurs du parti séparatiste et les mécontents continuaient à nourrir des espérances qu'on aurait dû, dès le premier jour, arracher résolûment de leur cœur.

C'était l'état-major autour duquel se groupait et grossissait peu à peu cette foule, aux instincts indécis mais malveillants, qui se tourne toujours du côté où on lui présente l'appât de flatteuses promesses.

⚓

On a laissé croire à ces divers groupes qu'ils composaient un parti sérieux ; la tolérance, et peut-être des connivences secrètes, les ont enhardis. Nos récentes défaites, amenant une révolution politique, ont eu, pour première conséquence, le renversement de l'autorité autocratique, en bas comme en haut, et le parti séparatiste s'est trouvé absolument sans frein.

Le préfet de l'Empire était emporté par la tourmente ; le maire, tombé aussi du faîte de son pouvoir, expiait la faute dans laquelle il avait persévéré pendant dix ans. Il n'était pas séparatiste ; il ne l'est pas davantage aujourd'hui. Mais il avait laissé supposer qu'il l'était et cette erreur, qu'il avait entretenue à dessein, lui est devenue fatale ainsi qu'à ceux qui l'avaient aidé à la propager.

⚓

Mais cette faute, commise sous le régime impérial, n'avait rien qui dût étonner à cette époque.

On pensait avoir bâti un édifice éternel et dont toutes les dépendances avaient la même solidité.

Le souffle révolutionnaire renversa tout cela en un clin-d'œil, et le vent de la faveur populaire poussa successivement sur nos rivages des administrateurs républicains qui devaient, par une série d'actes plus énergiques mais non moins blâmables, froisser la population et augmenter le nombre des mécontents.

Ils étaient complétement étrangers à ce pays, ignorant le passé, comprenant mal le présent et ne puisant pas les conseils et les inspirations aux meilleures sources ; il ne tardèrent pas à faire fausse route et à aller au but opposé de leur mission.

Le premier, [1] accueilli par une démonstration sympathique de la population, débuta par la suppression du Conseil municipal élu ; ce fut sa première erreur, qu'il aggrava encore par la nomination d'une commission composée d'hommes, honorables sans doute, mais en partie sans influence dans le pays.

---

(1) M. Pierre Baragnon.

C'était hardiment ou plutôt maladroitement fronder l'opinion. C'était provoquer une réaction. Elle se produisit. L'élection des officiers de la garde nationale, — choisis presque exclusivement parmi les partisans de la séparation et quelques-uns même parmi les Italiens qui n'ont pas opté pour la nationalité française, — en fut le premier symptôme.

Ces derniers votes étaient illégaux ; on pouvait les annuler et cela suffisait. Le Commissaire général de la République, se souvenant qu'il était muni de pleins pouvoirs, fit plus : il supprima entièrement la garde nationale.

Ce n'était pas le moyen de calmer les esprits. L'irritation qui s'ensuivit nécessita le départ de ce premier Commissaire général du 4 septembre. Le tout jeune homme [1] qui le remplaça n'avait pas les audaces de son prédécesseur. Il fut victime de sa timidité comme l'autre avait été perdu par son entêtement aveugle.

Il arriva un troisième administrateur républicain [2] qui se heurta tout d'abord contre cette

---

(1) M. Blache.
(2) M. Marc Dufraisse.

exaltation provoquée par la témérité du premier et par la nullité du second.

La situation s'était compliquée par la création d'un journal italien, qui mêlait à ses polémiques une aigreur excessive, et qui, encouragé par la mollesse de l'administration et de la justice, insultait chaque jour la France et plantait hardiment dans nos murs le drapeau de la séparation.

⁂

Certes, ce n'est pas nous, hommes de presse, et de liberté, qui, sous d'autres régimes, avons lutté et reçu plus d'une blessure pour la défense des principes, qui voudrions qu'on mît obstacle à l'émission de la pensée, à la discussion sans entraves des intérêts et des opinions. Mais nous n'admettons pas que la licence soit la liberté, et que, sous prétexte d'user d'un droit, on se livre à un abus.

Il n'est pas permis, lorsqu'on vit sous les lois d'un pays, d'y prêcher journellement la révolte. Certains écrivains l'ont osé cependant; ils ont excité contre l'autorité toutes les vieilles rancunes, tous les griefs anciens, de sorte que le journal le *Diritto*, qui suivait leurs inspirations, était devenu un foyer dangereux de sédition.

⁂

Mais le premier magistrat de la République dans le département nourrissait certain espoir qui lui faisait négliger, peut-être un peu trop, les soins de la vindicte. Des visées électorales lui imposaient la tolérance, et c'est à l'abri de cette impunité calculée que l'audace des adversaires de la France grandissait.

⚓

On la laissa grandir et s'exercer à son aise dans les temps où il eût fallu y mettre un frein et alors que l'on pouvait encore espérer que des paroles paternelles parviendraient à calmer l'irritation naissante. Mais lorsque, enivré de ses succès électoraux, le parti italien, oubliant toute prudence, redoubla encore de violences et sembla provoquer un conflit armé et une lutte dans les rues, l'autorité préfectorale eut la faiblesse de se laisser entraîner sur la pente de répressions aussi exagérées que l'avait été sa tolérance antérieure.

Au lendemain de la bataille électorale, c'était une faute grave que de frapper de mesures de rigueur ceux qui avaient combattu le préfet. Cette faute fut commise, et de la façon la plus maladroite, avec une ostentation, un apparat qui émurent la ville tout entière.

⚓

Le *Diritto* fut saisi ; la foule s'ameuta ; la troupe fut requise ; les vitres de la Préfecture volèrent en éclats. Il y eut pendant trois jours un grand déploiement de force armée ; infanterie, cavalerie, marins, artillerie, ont sillonné nos rues. On pouvait s'attendre à une collision, la moindre étincelle pouvait mettre le feu aux poudres. Il n'en fut rien, fort heureusement. Le bon sens de la population l'emporta sur la turbulence d'un petit groupe ; la patience de la troupe apaisa l'irritation, et l'on évita ainsi un choc qui paraissait imminent.

⚓

C'est à ce triste résultat qu'ont abouti les maladresses et les fautes des administrateurs qui se sont succédé dans ce pays depuis dix ans. Si la fusion n'est pas complétement faite, c'est à eux qu'il faut s'en prendre. Chacun d'eux doit en supporter sa part de responsabilité.

Le quatrième préfet républicain [1], dans son trop court passage, avait heureusement commencé l'œuvre de la conciliation. Le fonctionnaire qui le remplace [2] aujourd'hui saura sans doute la continuer. Il lui faudra pour cela dé-

---

[1] M. Salvetat.
[2] M. le marquis de Villeneuve Bargemont.

ployer une extrême habileté jointe à une fermeté impassible, car l'animosité des passions n'est nullement calmée et à la veille même de son arrivée, les excitations des comités répandaient de nouveau l'alarme parmi les gens paisibles.

Dans ces derniers jours surtout, leurs manœuvres ont dépassé les bornes. Les élections municipales se sont accomplies sous la pression d'un exclusivisme inexorable. Les élections politiques ont fourni une nouvelle occasion d'afficher des sentiments factieux et anti-francais.

⵰

On a vu de tout jeunes hommes, sans expérience, sans maturité, sans études suffisantes, rechercher et briguer le périlleux honneur de la représentation nationale. Afin de mettre le plus de chances possible de leur côté, ils ont flatté les mauvais instincts des uns, ils ont profité de l'aveuglement des autres. Ils ont parlé avec colère et excité les passions.

Oubliant leur origine, les engagements pris par leurs pères et par eux-mêmes, ils ont évoqué le fantôme d'une nationalité de passage, de transition et de force majeure. Ils ont foulé aux pieds ce souvenir tout récent encore du vote par lequel la génération dont ils sont sortis s'est donnée à la France et ils ont caché, à cette population abusée, qu'autrefois, avant le régime français, elle ne disposait pas d'elle et n'était considérée, par ses souverains, que comme un troupeau de serfs que l'on marchande et que l'on vend sans le consulter.

⁂

Comment se fait-il qu'on ose soutenir devant une population française une thèse qui est une injure à la France ? Comment se fait-il qu'en face de l'autorité qui représente ici la République, on ose prêcher le retour à une monarchie ? Qu'on profite des avantages de sa qualité de Français pour conspirer tout à son aise, sur le sol français, contre l'intégrité du territoire ? Qu'on ait accepté une sorte de délégation du pouvoir pour s'en servir contre lui ?

Officiers ministériels, ils jouissent du **privilége** de participer à la puissance publique par la forme exécutoire et l'authenticité de leurs actes; magistrats municipaux, ils sont les auxiliaires de l'administration. Comment comprenaient-ils donc leur devoir ? Est-ce en trahissant ce mandat de confiance qu'ils comptaient se créer des droits à l'estime et aux suffrages de leurs concitoyens ?

⁂

Pourquoi prétendre à l'honneur de représenter Nice dans une Assemblée française si l'on répudie la qualité de Français ? Si vous n'êtes pas dans votre patrie, qui vous force à rester ici ? Vous n'avez pas participé au vote de 1860 ; mais, à votre majorité, vous aviez le droit d'option et vous n'en avez pas usé. Aujourd'hui encore, vous êtes libres de vous dénaturaliser et il ne faut pas pour cela que vous agitiez tout un pays et que vous risquiez de l'ensanglanter.

Si vous voulez détacher vos personnes de la France, allez vivre dans le pays de votre choix ; mais respectez la patrie de vos pères. Ou, si vous voulez continuer à résider parmi nous, ne troublez pas l'hospitalité qu'on vous accorde !

CHAPITRE XII

Résumé. — Bonne foi et modération. — La tolérance a un terme. — Le patriotisme a des exigences. — Garibaldi. — La République universelle. — Nice capitale cosmopolite. — Intervention de la Prusse. — République et monarchie. — Les comités prussianisés. — Protestation. — La chimère évanouie.

Nous avons parcouru le cercle des idées que nous nous étions tracé. Nous avons successivement étudié tous les faits historiques, tous les documents authentiques, tous les renseignements puisés dans les archives du pays.

Cet examen calme nous a amené à une conviction que nous espérons avoir fait partager par tous ceux qui n'apportent pas, dans cette question, un esprit prévenu et la passion aveugle qui ne veut pas être éclairée.

Nous n'avons pas conçu ce travail pour ces gens-là.

C'est icy un livre de bonne foy. Nous pouvons nous approprier cette devise de Montaigne qui est la vraie épigraphe de notre travail, et l'on nous rendra cette justice que, par la modération de notre langage et par l'équité de nos appréciations, nous avons atteint ce degré d'impartialité que nous nous étions proposé.

Après avoir prouvé tout ce qu'ont de chimérique les prétentions des séparatistes et à quelle ruine rapide et indubitable, non pas seulement la séparation, mais même la persistance, l'entêtement à la réclamer entraînerait le pays; il nous reste quelques mots à ajouter pour compléter notre démonstration.

Nous nous demandons d'abord si un gouvernement quelconque, même un gouvernement républicain et libéral, comme celui dont la France jouit, peut tolérer, sans péril, qu'on lève sur une partie de son territoire le drapeau de la révolte et de la sécession, et qu'on risque d'attirer, sur une ville paisible, les désastres de la guerre civile et les rigueurs d'une trop légitime répression.

La tolérance a un terme.

Est-ce faire œuvre de bons citoyens que de tenir

perpétuellement son pays en suspens, d'y exciter les passions, d'y enseigner le mépris des lois ?

N'est-ce pas conspirer contre son propre pays, y arrêter le travail, y interrompre le mouvement des affaires, en chasser tous les gens paisibles, en écarter tous les touristes qui y apportent annuellement la richesse et préparer, pour le commerce et l'industrie locale, la plus épouvantable des catastrophes ?

Sacrifier ainsi le repos d'une population, son existence même, c'est manquer absolument de patriotisme, c'est avoir chassé de sa conscience toute idée du juste et de l'injuste.

Le patriotisme a ses règles qu'il faut respecter.

⚓

Nous comprenons Garibaldi qui, dans une lettre récente, donnait le conseil suivant :

« Union complète des nations libres, avec un pacte social, dont le premier article serait l'impossibilité de la guerre et *Nice capitale de cette union européenne.* »

Au moins, voilà une généreuse utopie, sortie d'un grand cœur.

Mais pour arriver à cette union européenne, que de trônes à renverser, que d'ignorants à éclairer, que de fanatiques à convaincre, que de corrompus à moraliser. La tâche est immense; des siècles y suffiront à peine et Nice doit attendre longtemps avant de succéder aux grandes capitales des empires et de devenir la métropole cosmopolite.

⚶

Mais ce que nous ne comprenons pas, ce que nous ne saurions trop blâmer, c'est qu'on ait rêvé l'intervention de la Prusse, de l'Etat le plus despotique, le plus féodal de l'Europe, pour se débarrasser de ses liens envers la France, qui est sans contredit, — aujourd'hui surtout qu'elle est en République, — l'Etat le plus démocratique et le plus libéral.

Ce que nous ne comprenons pas, c'est que, sous prétexte d'émancipation, des citoyens qui se disent attachés à leur pays le poussent à retourner sous le joug d'une monarchie, au moment où la République prend chez eux son assiette et leur promet, au point de vue matériel comme au point de vue politique et moral, la prospérité, la sécurité et la plus large extension des libertés communales et départementales.

⚶

Ils ne se souviennent donc pas des sujétions

de l'ancien état de choses, des restrictions que le pouvoir personnel, qu'il vint de la royauté piémontaise ou de l'Empire français, avait imposées à l'exercice de leurs droits. Ils en jouissent aujourd'hui, et l'on en a la preuve dans tout ce qui se passe sous nos yeux. Qui donc, parmi eux, aurait le courage de persister dans cette revendication des choses surannées, dans ce recul honteux vers des institutions qui ont fait leur temps et dont les amis du progrès ne peuvent désirer le retour.

⊥

Un des hommes d'Etat les plus éminents de l'Italie, M. Mauro-Macchi, a dernièrement combattu avec courage et sincérité ces funestes tendances. Il s'étonnait à bon droit que les Niçois, qui ont subi sans plainte et sans bruit « le joug de l'Empire, » se soient « enflammés pour l'Italie d'un amour si ardent à l'instant que la France se constituait en République. »

Et remontant sans hésiter à la cause, il a signalé la main de la Prusse agissant dans les Comités italiens. [1]

---

[1] I Dottrinarii d'Allemagna — considerazioni istorico critiche sulla guerra Franco-Prussiana. Garibaldi in Francia. Le pretensioni di conquista. La quistione di Nizza. Atrocità prussiane.

C'est ce que n'ont pas compris des Niçois aveuglés ; mais « l'esprit lumineux, droit et loyal de Garibaldi, qui, parmi tous ses concitoyens, est assurément le plus digne et le plus glorieux, » n'a pas manqué de reconnaître la main de la Prusse, qui cherchait à souiller le sol où il est né et qu'il a préservé de cet affront. Le général voulait qu'avant tout on défendît la République française, qui est la souche de cette République universelle dont il est l'apôtre. Et c'est pour cela qu'il est venu offrir son épée à la France.

Ce n'est pas lui, nature d'élite, répugnant à toutes les idées mesquines, qui conseillerait jamais d'arracher par la violence un lambeau de ce sol républicain qu'il a si vaillamment défendu.

⁂

La question de Nice n'est donc, comme le dit M. Mauro-Macchi, qu'un « expédient plus ou moins malhonnête, » inventé par la Prusse et propagé par ses manœuvres secrètes pour nuire à la France et pour l'empêcher, par des embarras intérieurs, de préparer sa revanche.

La Prusse avait suggéré la pensée qu'on profitât des malheurs de la France pour lui enlever Nice. Mais le gouvernement italien n'a pas écouté ces perfides conseils, car, il savait bien que la majorité de la population de l'ancien Comté de Nice ne se serait pas prêtée à cette perfidie.

⚓

Qu'est-ce qui peut attirer sur un peuple les sympathies de l'Europe ? C'est sa loyauté, c'est le respect de ses engagements. De quel œil la diplomatie verrait-elle cette lâcheté qu'on voudrait faire commettre à Nice, et contre laquelle elle a résisté, avec Garibaldi ?

Il n'est pas un cœur honnête, parmi nos concitoyens, qui ne se soit révolté et qui n'ait protesté, avec indignation, contre cette assertion d'un *Memorandum* fameux, que « Nice jouissait des victoires prussiennes. » [1]

Nice se serait donc réjouie du massacre de ses enfants exposés au feu de l'ennemi et qui ont si bravement fait leur devoir à Dijon et ailleurs ! Nice se serait donc réjouie des victoires que les hordes de Bismark et de Guillaume pouvaient remporter sur Garibaldi !

⚓

Quoi ! la passion a aveuglé à ce point quelques

---

[1] *Memorandum* dei Comitati riuniti dell'emigrazione Nizzarda, agli Onorevoli Rappresentanti delle potenze estere presso il governo italiano.

Niçois qu'ils ont même accusé leurs concitoyens de l'action la plus lâche. Le *Memorandum* a affirmé que nos jeunes soldats ont fui par milliers pour ne pas marcher à l'ennemi.

C'est une calomnie ! Pour quelques hommes pusillanimes, combien d'hommes courageux Nice a fournis à la République ! Combien ont répondu à l'appel de Garibaldi, et sont accourus sous ses drapeaux !

Repoussons donc, avec toute l'énergie d'honnêtes gens qu'on accuse d'actions honteuses, ces assertions des Comités. Ne laissons pas ainsi toucher à l'honneur des Niçois. Ne permettons pas que l'erreur se propage et que, dans l'esprit des hommes politiques de tous les pays, ces imputations injurieuses prennent un corps.

C'est pour les détruire que nous avons entrepris d'écrire ce livre.

Nous avons réduit la question de Nice à ses véritables proportions. La chimère s'est évanouie, les ambitions qui l'ont enfantée sont aujourd'hui dévoilées, les équivoques ont disparu.

Nous savons que nous nous exposons à de vives ripostes, à des récriminations ardentes ; nous sommes prêts à répondre à tout, excepté aux injures. On peut nous en adresser, nous les dédaignerons ; mais ce qu'on ne pourra pas faire, c'est de renverser nos arguments, de détruire nos chiffres, d'entamer, par quelque côté que ce soit, les déductions mathématiques que nous avons tirées des pièces authentiques et des statistiques officielles.

Nous avons cette certitude, et nous le disons hautement, — qu'on ne s'y méprenne pas — en manière de défi.

⁂

Un dernier mot sur la façon dont nous avons compris le devoir que nous nous étions imposé.

Nous n'avons pas voulu faire de polémique. Si, par malheur, on nous provoque sur ce terrain, nous ne reculerons pas et nos écrits prendront le ton qu'il plaira à nos adversaires.

Mais pour le moment, nous avons voulu rester dans l'impassibilité de l'historien philosophe qui, des preuves abondant sous sa plume, extrait les enseignements et qui, s'élevant au-dessus des faits contingents, s'attache surtout à indiquer les effets après les causes et trace à grands traits les linéaments par où tout s'enchaîne dans la vie des peuples.

Nous avons recherché la concordance des actes avec leur résultat et nous avons, en conscience, appliqué les responsabilités. Nous n'avons pas voulu mettre sur la sellette les hommes, mais discuter leurs opinions et réfuter leurs erreurs.

Animé de ce soin scrupuleux de l'exactitude que nous nous efforçons d'atteindre en tout, nous croyons y être arrivé par la rectitude des jugements.

⚓

La grande tâche, en ce cas, n'est pas seulement de démontrer la vérité, c'est aussi de rester constamment impartial et loyal.

Nous avons tourné toute notre attention vers ce but. Nous étions résolu à garder toute mesure, mais à conserver toute fermeté, pour mettre en lumière les événements par des procédés de critique, par des inductions, par la comparaison et la logique qui nous rendent invulnérable.

⚓

Nous avions le sentiment, et nous le conservons encore, d'accomplir une œuvre patriotique et en même temps une œuvre de persuasion et de conciliation, et, en la remplissant, de ramener les esprits égarés sans les irriter ou les froisser.

Nous avons entrepris cette tâche ardue avec

courage. Si nous sommes resté au-dessous d'elle, qu'on n'en accuse pas la cause que nous défendons ; la faute n'en peut être qu'à l'insuffisance de la plume mise à son service.

Dans tous les cas, nous avons planté le drapeau ; que d'autres, plus habiles, se joignent à nous pour le défendre, nous serons heureux d'avoir réussi à grossir la phalange des champions du droit et de la vérité.

FIN.

NOTES ET PIÈCES JUSTIFICATIVES

Page 24. — *Deux mots sur le langage.....*

Une remarque encore. On parlait français à la Cour de Sardaigne qui, elle, n'oublia jamais son origine française. Les souverains de ce pays répondaient en français aux députations des habitants qui leur parlaient dans cette même langue. Lorsqu'un roi de Piémont entrait à Nice ce n'est pas *Viva il Re* que la foule criait autour de lui, mais bien *Vive le Roi!*

Au reste on se souvient de cette anecdote. M. de Cavour, recevant à Turin une députation niçoise qui venait protester contre le traité du 24 mars, répondit avec beaucoup d'à-propos : —

« Comment vous prétendez que vous êtes Italiens et pour m'exposer vos griefs, vous me parlez français. Allez! messieurs, vous n'êtes pas Italiens, vous êtes Français. »

Page 31. — *Toute tentative de sécession…..*

Ces paroles de M. Thiers sont aujourd'hui vérifiées par le dépôt d'un projet de loi, proposé par M. Dufaure, ministre de la justice, contre les manœuvres et conspirations de l'*Internationale*.

Ce projet frappe des mêmes peines (de 2 mois à 2 ans de prison, et de 50 à 1,000 fr. d'amende ainsi que de la déchéance de plein droit de la qualité de Français) quiconque par l'un des moyens énoncés par l'art. 1er de la loi du 17 mai 1819, aura excité les habitants d'une partie du territoire français à se soustraire à la Souveraineté Nationale, soit en s'annexant à un Etat voisin, soit en se constituant en Etat indépendant, sans préjudice des peines plus fortes qui auraient été encourues aux termes des articles 87 et suivants du Code pénal.

Ces dernières dispositions réservées frappent des peines de la déportation, ou de la détention tous ceux qui complotent ou tentent de former un complot pour détruire ou changer le gouvernement.

Page 53. — *Les hommes les plus considérables et les plus respectés...*

Voici deux documents qui prouvent cette intervention toute spontanée :

EXTRAIT DE LA CIRCULAIRE DE Mgr SOLA, ÉVÊQUE DE NICE

Nice, le 9 avril 1860.

. . . .

La France, à cause des services inappréciables qu'elle a rendus à l'Italie, est en droit d'en attendre, en toutes circonstances, et reconnaissance et sincère alliance, et il est à croire que les Italiens ne manqueront jamais à leur devoir.

Néanmoins, les choses de ce monde étant changeantes de leur nature, il convenait à la haute sagesse de l'Empereur des Français de pourvoir à la sécurité de son vaste Empire, en prévision de ce qui pourrait survenir, afin que si jamais la force des événements politiques venait à pousser ce nouveau royaume à contracter une alliance hostile à la France, cette dernière n'eut point à redouter une hostile agression.

L'Empereur ayant pensé que le meilleur moyen pour obvier à ce danger était le *rétablissement des frontières naturelles*, clairement indiquées par les chaînes des Alpes, demanda au roi de Sardaigne la cession de la Savoie et de l'arrondissement de Nice, ces deux provinces se trouvant *séparées* de l'Italie par de très-hautes montagnes et confinant à la France avec laquelle elles sont déjà en communauté de mœurs, de langage et d'interêts commerciaux.

. . . .

Nous n'ignorons pas les menées par lesquelles des hommes, aussi ennemis de l'Italie que de la France *et plus ennemis encore de la prospérité des Niçois,* voudraient faire de cette province une république. Nous connaissons les fallacieuses promesses de suppression d'impôt et d'exemption du service militaire qu'ils cherchent à accréditer ; mais nous qui avons tant de preuves du bon sens niçois, nous sommes sûrs que, convaincus de l'absurdité des avantages qu'on leur promet, ils repousseront avec dédain cette proposition.

. . . .

† Jean-Pierre, *Évêque.*

COMITÉ CENTRAL D'ANNEXION

Séance du 12 avril 1860

. . . .

La province de Nice a, généreusement et sans compensation, donné son or et le sang de ses enfants pour la cause de l'Italie ; mais par sa position géographique, par ses mœurs, par le langage, par ses relations, *elle n'est pas et ne peut être* Italienne. En nous *restituant* à la mère patrie, le roi Victor-Emmanuel accomplit un acte de justice digne de la loyauté et de la grandeur de son caractère.

La raison et la conscience publiques sauront faire justice des *utopies ridicules* et des *excitations coupables* au moyen desquelles une *infime minorité* ose tenter encore de troubler l'accord heureusement rétabli parmi nos concitoyens. Appelée à disposer d'elle-même et à décider de ses destinées, la population de Nice se lèvera tout entière pour proclamer sa réunion à la France.

Le vote du 15 avril ne sera pas seulement l'expression de notre volonté, la manifestation éclatante de nos sentiments pour la France et pour l'Empereur, nous savons aussi qu'elle sera, *dans la ville comme dans les campagnes, le signal irrésistible de l'explosion de l'enthousiasme populaire.*

Le Secrétaire,

V. Tiranty, fils.

Page 55. — *Ainsi se préparait le vote sous l'influence exclusive des autorités sardes.....*

La vérité est que M. Piétri, sénateur de l'Empire français, est venu s'en occuper aussi, et qu'il a déployé dans cette mission toute la délicatesse et toute l'habileté possible.

Les partisans de la séparation font aujourd'hui valoir, comme un argument, cette immixtion d'un haut fonctionnaire français. Mais ils ne réfléchissent pas que dans les circonstances où se présentait la question en 1860, la France usait de son droit strict, et que M. Piétri accomplissait tout simplement un mandat. Il a fait, en vertu de ses pouvoirs réguliers, avec l'assentiment et sous l'œil du gouvernement sarde, tout ce qu'il était légitime de faire pour réussir. Le parti contraire n'a, de son côté, ménagé aucun moyen et s'il a succombé c'est qu'il n'avait pas le sentiment public avec lui.

Tout cela n'implique pas que le vote n'ait pas été libre et sincère.

Au reste, les registres de notre municipalité portent les traces de sentiments différents :

Dans la séance extraordinaire du 15 juin 1860, le Conseil municipal de Nice, voulant témoigner à M. le sénateur Piétri, au nom de la population, sa reconnaissance pour le patriotisme et le dévouement dont il a donné tant de preuves à l'occasion de l'heureux événement de l'annexion du Comté de Nice à la France, lui a décerné à l'unanimité et sur l'exposé de M. Malaussena, syndic, le titre de CITOYEN DE LA VILLE DE NICE.

PAGE 56. — *De tous les points du territoire, des adresses.....*

Voici les extraits des passages les plus saillants de ces documents désormais acquis à l'histoire :

ADRESSES

CHAMBRE DES NOTAIRES DE L'ARRONDISSEMENT DE NICE

Sire,

Lorsque en 1852 la France entière vous plaça sur le trône, pour son bonheur et celui de l'Europe, nous saluâmes avec joie cet événement qui assurait pour tous une ère de prospérité. Maintenant que notre bien-aimé roi, par l'acte solennel du 24 mars dernier, nous autorise à manifester notre volonté, nous pouvons assurer Votre Majesté Impériale que nos *sympathies sont toutes françaises*.

La Chambre des Notaires, au nom aussi de ses collègues de l'arrondissement de Nice, s'empresse de venir déposer au pied du trône impérial leur serment de fidélité et l'assurance de leur dévouement.

Ils ont l'honneur d'être, avec le plus profond respect, Sire, de Votre Majesté, les très-humbles et très-obéissants serviteurs.

André Graglia. — Louis Berto. — Seranon. — Le chev. Cauvin. — Charles-Amédée Milon. — J.-Louis Passeroni. — Louis Allardi — François Muaux. — L. E. Fighiera, syndic de la Chambre.

COURTIERS ET AGENTS DE CHANGE DE NICE

Sire, les agents de change et courtiers soussignés, heureux de voir s'accomplir leurs vœux les plus chers par la *réunion de leur pays à la France,* réunion qui va donner un nouvel essor au commerce et à l'industrie, se font un devoir de témoigner à Votre Majesté leur plus vive reconnaissance pour *cet acte de réparation.*

C'est avec un sentiment inaltérable de profond respect et de dévouement que nous sommes fiers de nous dire, Sire, de Votre Majesté, les très-humbles et très-obéissants serviteurs :

> Ch. M. Baud, *syndic.* — Louis Arène, *vice-syndic.* — J. Franco, *secrétaire.* — Laurent Giordan. — Jean Astraudo. — C. Giordan. — Louis Piron. — Salvy. — J. Goiran. — C. Cléricy. — A. Bonfiglio. — F. Durante, *trésorier.*

CERCLE DES ARTS ET MÉTIERS DE NICE

Sire,

Les membres du Cercle des arts et métiers ont délibéré de faire arriver leur faible voix jusqu'au trône de Votre Majesté, pour lui exprimer *la joie* qu'ils éprouvent du *retour* de Nice à la France.

MÉDECINS NIÇOIS

Sire,

Le traité du 24 mars a excité dans notre population un élan de joie et d'enthousiasme.

Le Corps médical l'a d'autant plus vivement senti qu'il se trouve déjà lié à la Nation française par ses études et ses sentiments humanitaires.

Les soussignés, docteurs en médecine, sont heureux de *rentrer dans cette grande famille*, qui, par ses sentiments généreux et ses idées de progrès, fait l'admiration de tous les peuples.

Signés : Sigismond DONAUDY.— Honoré CHAUVET. — SCOFFIER. — FARAUT. — VIGON. — RISSO.— A. F. LUBONIS. — Bernardin CHAIS. — JEOFFROY. — Ed. BINET. — Jos. BORRAS. — AUDE. — Pierre VINAY. — Jérôme GARDON. — César FARAUT. — Pierre FARAUT. — Antoine RAFFO. — Ed. SCOFFIER.

OUVRIERS DE NICE

Sire,

Le résultat de la prochaine votation sera un témoignage éclatant des *sentiments unanimes* de la population de Nice pour la France et son auguste Empereur.

Mais une classe d'hommes sent plus spécialement le besoin de vous exprimer, dès aujourd'hui, le bonheur qu'ils éprouvent en embrassant le drapeau de votre grande nation, en se mettant sous la protection de votre aigle glorieuse. C'est la classe qui a pour fortune le travail, pour base de sa religion la moralité.

Pour elle, le grand nom de Napoléon signifie : travail assuré, protection, ordre, justice et à la foi qu'elle professe pour ce grand nom, répondent les sentiments de devoir, de fidélité, de reconnaissance et de dévouement.

Le sol de notre pays, ainsi que le climat, la mer, les rades, les montagnes, les vallées, les cours d'eau et les diverses productions présentent à votre génie un champ vierge à exploiter et autant d'éléments pour assurer aux travailleurs et à leurs familles l'existence du présent.

A vous, Sire, l'admiration des siècles futurs, et à votre Dynastie un jardin de délassement, où dans le calme du repos, elle sera entourée des soins de la fidélité..........

(*Suivent 1,700 signatures.*)

PÊCHEURS DE NICE

Sire,

Les soussignés, pêcheurs à Nice, s'empressent de témoigner à Votre Majesté leur joie et leur reconnaissance pour l'annexion de leur pays à la France, persuadés que les plus grands avantages doivent en résulter pour toute la population en général et pour la classe des pêcheurs en particulier.

(Signé de 57 pêcheurs, — les autres ne sachant signer ont chargé M. Joseph Lattès, secrétaire de leur société, d'écrire leurs noms au bas de cette pièce.)

COMMUNE DE L'ARIANE [1]

Monsieur le sénateur,

Avant d'accomplir l'acte solennel auquel les ont conviés les deux grands souverains qui président aux destinées de l'Europe et de la civilisation, les populations de l'Ariane et de la paroisse du Jésus, ont voulu, M. le sénateur, acclamer en vous la personnification éclatante du désintéres-

---

(1) Cette Adresse a été présentée à M. Pietri par M. Pollonais.

sement, de la bienveillance, de la conciliation, du patriotisme et du dévouement exemplaire à la France et à l'Empereur.

COMMUNE D'ASPREMONT

Sire,

En réclamant la cession du Comté de Nice à la France, vous avez accompli *un grand acte de réparation. Vous avez rendu à la Mère-Patrie* UNE TERRE FRANÇAISE, *par les sympathies, par les mœurs et par le langage de ses habitants.*

Les traditions qui rattachaient ce pays à la noble Maison de Savoie avaient fait leur temps. A Votre Majesté appartiendra le mérite de les avoir rajeunies en les retrempant dans les traditions vigoureuses de la France qui, sous l'impulsion de votre puissant génie, en poursuit le développement au profit *des peuples asservis.*

Le clergé, les conseillers municipaux et propriétaires de la commune d'Aspremont, viennent déposer au pied du trône de Votre Majesté le respectueux hommage de leur vive reconnaissance pour *un acte qui sera pour le pays le point de départ de nouvelles et brillantes destinées.*

COMMUNE D'AUVARE

Sire,

La nouvelle de la signature du traité de cession de la Savoie et du Comté de Nice à la France, a rempli de joie les habitants de toute cette vallée, car pour eux cette annexion signifie *le retour vers une ère de prospérité dont ces pays avaient été privés depuis longtemps.*

Fiers et heureux en même temps de faire désormais partie de la grande famille française *à laquelle ils appartiennent depuis longtemps* par la langue et par les mœurs, les habitants de cette commune voient avec bonheur arriver ce beau jour où il leur est enfin permis, sans manquer aux égards dus à la glorieuse Maison de Savoie, de venir déposer au pied du trône de Votre Majesté les hommages de leur reconnaissance et de leur profond dévouement.

Des sources du Var à son embouchure, il n'y aura plus à l'avenir qu'un seul cri : Vive la France !

COMMUNE DE BERRE

La municipalité, les habitants et propriétaires de la commune de Berre ne sauraient exprimer l'enthousiasme avec lequel ils ont salué la nouvelle du traité du 24 mars.

COMMUNE DE BONSON

Nous sommes fils de la France par notre origine, par la communauté de langage, de mœurs et d'affections. Nous remercions donc le chef auguste de la Grande Nation qui consent à diriger nos destinées.

Le Conseil, ouï M. le syndic, fait acte solennel de soumission, dévouement, et obéissance au pied du trône de S. M. l'empereur Napoléon III, et reconnaît pour *sa vraie et seule mère, la France* ....

COMMUNE DE BREIL.

Sire,

La réunion de Nice à la France a excité parmi nous *le plus grand enthousiasme*......................

MUNICIPALITÉ ET HABITANTS DE LA BRIGUE

Sire,

Permettez-nous de venir déposer aux pieds du trône de Votre Majesté les sentiments de respect et d'admiration que nous ressentons pour vous, Sire, et vous remercier du bienfait inespéré qui nous fait devenir membres de la noble et grande famille française.

Sire, le nom de Votre Majesté vivra éternellement dans nos cœurs et nous apprendrons à nos enfants à respecter et à aimer la nouvelle patrie que nous adoptons avec enthousiasme.

HABITANTS DE CHATEAUNEUF (CONTES)

Sire,

Les habitants de Châteauneuf, soussignés, au moment de témoigner solennellement et hautement de leurs sympathies pour la France, en déposant dans l'urne du suffrage universel un vote d'annexion, éprouvent un irrésistible besoin de déclarer à Votre Majesté combien ils sont heureux d'être *rendus à leur véritable patrie*.

JUNTE MUNICIPALE DE COARAZE

Sire,

La junte municipale de Coaraze s'empresse de témoigner à Votre Majesté Impériale la joie publique de cette Commune pour la *réunion du Comté de Nice* à la MÈRE-PATRIE, avec le libre consentement de l'auguste Maison de Savoie.

Les habitants de ce pays, ayant toujours été les fidèles sujets de leur roi, donneront à votre dynastie des témoignages de fidélité inébranlable et de profond dévouement et se montreront dignes de faire partie de la grande nation française.

Votre Majesté, rétablie par la Providence sur le trône impérial, pour la civilisation et la félicité des peuples, forme l'admiration et sera *le bonheur de notre pays* et plus spécialement de cette vallée du Paillon qui est certaine de voir satisfaits, dans le plus bref délai, ses besoins vitaux, reconnus par le gouvernement sarde, *mais négligés* par suite de circonstances exceptionnelles.................

Signé, *le syndic président* : Ant. PÉGGION.
— *Le conseiller ancien* : comte DE ORESTIS DE CHATEAUNEUF. — *Le secrétaire* : Gaëtan CAPPATTI.

COMMUNE DE CONTES

Les conseillers municipaux et les habitants de la commune de Contes, soussignés,.......................

Considérant que l'annexion de la province de Nice à l'Empire français *est le plus grand bienfait que la Providence pût accorder à ses habitants,* en raison de l'identité de race, de langue, de tendances et d'intérêts agricoles, industriels et commerciaux ;

Que cette annexion a déjà fait le bonheur de leurs pères et a constamment été l'objet des vœux de la génération actuelle ;

Qu'il y a à cet égard *unanimité* d'opinion dans la commune ;

Considérant que le jour de la votation n'est pas encore fixé et partageant *l'impatience de la population pour l'accomplissement d'un si grand acte;*

Heureux et *fiers* des nouvelles destinées de leur pays, devançant le vote de leurs concitoyens, d'un commun accord et d'un seul cri ;

Ont délibéré de déposer aux pieds de S. M. Napoléon III l'hommage de l'*éternelle reconnaissance* dont ils sont pénétrés pour leur admission dans la grande famille française et celui de leur dévouement *inaltérable et sans borne* à sa personne et à sa dynastie.

(Signé par le syndic, Jacques Giacobi, par les conseillers, le clergé et les principaux habitants.)

COMMUNE DE DRAP

Sire,

Les conseillers municipaux, et par leur organe, les habitants de la commune de Drap, sont heureux de pouvoir exprimer à Votre Majesté la joie qu'ils éprouvent pour *le retour* du Comté de Nice à la France. Ce sera par un dévouement et une fidélité à toute épreuve qu'ils s'efforceront de témoigner à Votre Majesté leur profonde reconnaissance pour la *grande œuvre de réparation* qu'Elle vient d'accomplir.

CLERGÉ DE DRAP

Sire,

Nos vœux vont bientôt se réaliser ; Nice va *revenir à sa Mère-Patrie* ; elle est toute entière française par la langue, par la race, par les mœurs. A toute grande secousse du monde, Nice devait se détacher de l'Italie et tomber d'elle-même du côté de la France.

Les Alpes sont une frontière trop nécessaire aux deux peuples pour appartenir à un seul. La nature, l'histoire, les vœux d'un peuple et les intérêts de notre propre sécurité, nous l'espérons avec confiance, l'emporteront. La politique ne pouvait, ni longtemps ni impunément, lutter contre la nature.

COMMUNE DE L'ESCARÈNE

La population de l'Escarène salue avec allégresse l'ère nouvelle de gloire et de prospérité qui s'ouvre pour ces contrées par leur annexion à la France.

Fiers de faire partie de la Grande Nation qui vous a confié ses destinées et qui fait l'admiration du monde civilisé, nous sommes heureux de *rentrer dans la famille française à laquelle nous appartenions déjà par nos sympathies.*

HABITANTS DU CANTON DE GUILLAUME [1]

Les soussignés, habitants du canton de Guillaume,

---

[1] Cette adresse était couverte des signatures des habitants des communes de Guillaume, Entraunes, Villeneuve-d'Entraunes, Saint-Martin-d'Entraunes, Châteauneuf-d'Entraunes, Sauze, Daluis, Péone et Beuil.

De semblables adresses ont été aussi votées par les communes de la Croix, Puget-Rostang, La Penne, Rigaud, Saint-Léger, Clans, Tournefort et les sections de Sclos, La Vernée et La Pointe, dépendantes de la commune de Contes.

Comté de Nice, s'empressent d'adhérer *de leur propre et libre volonté* à leur annexion à la grande famille française à laquelle ils ont toujours été attachés par le cœur, le langage et les intérêts et d'en témoigner leur vive reconnaissance et leur dévouement très-profond.

COMMUNE DE LEVENS

La réunion du Comté de Nice à la France remplit de joie et de bonheur les habitants de ces montagnes.

A Levens, plus que partout ailleurs, ces sentiments devaient éclater puissants et irrésistibles, car entre la France et cette petite commune il y a un lien particulier, indestructible ; c'est la gloire immortelle de Masséna.

La population s'apprête à donner par son vote unanime une éclatante démonstration de ces sentiments.

COMMUNE DE MENTON

Sire,

La ville de Menton a été placée pendant des siècles sous la protection de la France. Naguère elle a été française et elle s'en souvient avec orgueil.

Ses sentiments français ne se sont jamais éteints et aujourd'hui qu'il lui est permis de les faire éclater, elle les dépose aux pieds du trône de l'Empereur, heureuse si elle peut *reprendre sa place* au sein de la Grande Nation......

(*Suivent 350 signatures*)

CONSEIL MUNICIPAL DE MOULINET

Sire,

Le Conseil municipal de Moulinet (Nice) interprète des vœux de cette population, est heureux de vous témoigner ses sentiments de *joie et de reconnaissance pour la réunion de ce Comté à la France*..................................

HABITANTS DE LA VILLE DE PUGET-THÉNIERS

Sire,

Le mot FRANCE a toujours fait battre le cœur des habitants de la vallée du Var et de ceux de la ville de Puget-Théniers surtout, car pour eux ce mot signifie PATRIE.

Ils se rappellent avec orgueil, Sire, les gloires du premier Empire ; ils se rappellent en même temps la prospérité dont ces pays jouissaient pendant cette mémorable époque.

Aussi sont-ils doublement heureux aujourd'hui *en faisant retour à la Mère-Patrie*, de venir déposer le tribut de leurs respectueux hommages au pied du trône sacré de Votre Majesté, successeur illustre d'une Dynastie immortelle.

Sire, dès que le *Moniteur* est venu nous annoncer que nous allions *faire retour à la France*, un cri de joie est spontanément sorti de nos cœurs et la population entière a senti le besoin de vous le faire entendre.

Par le traité du 24 mars dernier, les populations devant se regarder comme autorisées par l'assentiment de leur gouvernement à pouvoir manifester leurs vœux, les soussignés, sans manquer aux égards dus à leur vaillant et loyal souverain, viennent, dès aujourd'hui, jurer à Votre

Majesté une fidélité absolue, sans bornes, et sont fiers de pouvoir lui dire qu'ils *expriment ainsi les sentiments qui sont dans les cœurs de leurs compatriotes.*

La réunion de notre pays à la France qui comble les vœux de tous, sera aussi, pour ces malheureuses populations, un cri de prospérité.

Sire, confiants en le cœur généreux de Votre Majesté, ils osent espérer que, dans la réorganisation de ce nouveau département, cette ville recouvrera l'importance qu'elle avait sous le premier Empire, par le rétablissement de l'arrondissement dont elle était le chef-lieu.

HABITANTS DE ROURE

. . . .

Depuis la suppression de nos franchises, oubliés du Piémont, nous avons tourné nos regards vers la France, dont on nous avait séparés et que nous n'avons jamais cessé d'aimer.

Nous n'avions dès lors qu'un seul désir, celui de nous faire *rouvrir son sein* ; nous n'avions qu'un seul espoir et c'était de voir se réaliser le *rêve de bonheur* qui s'accomplit aujourd'hui.

Sire, vous tenez de la Providence une mission sublime que vous avez déjà glorieusement commencée. C'est de résoudre le problème de ce grand principe social : l'union des peuples et leur bien-être au moyen de la perfectibilité des lumières et de la civilisation.

Daignez, Sire, continuer cette grande œuvre et nous tendre votre main généreuse ; et si l'on vous dit que, dans toute notre vallée il y a *un seul homme bien pensant qui veuille la repousser, ne le croyez pas !* . . . .

PAROISSE DE SAINT-ANTOINE DE LA SIGA (LEVENS)

Sire,

La petite paroisse de Saint-Antoine de la Siga (commune de Levens) berceau de la famille du grand Masséna, lieu de son enfance, fière de son droit, sollicite de Votre Majesté l'honneur de pouvoir lui témoigner tout son respect le plus profond, sa fidélité et son dévouement absolus.

Les souvenirs de la France et l'amour pour la glorieuse dynastie qui y règne, ne peuvent pas être oubliés des compagnons du compagnon de gloire de Napoléon Ier.

Cette bourgade est aussi heureuse d'avoir vu naître et de posséder les cendres d'un autre enfant de la France, l'illustre Raynaldi, général du génie sous le premier Empire.

C'est donc au pied du trône de Votre Majesté Impériale que les habitants de cette paroisse déposent les vœux qu'ils font et ne cesseront jamais de faire pour votre prospérité et pour celle de la famille impériale afin qu'en *rentrant dans la grande famille française* ils puissent être reconnus pour les frères de ceux qui ont tant contribué à la gloire nationale et élevé si haut le drapeau de la France.

COMMUNE DE SAINT-ÉTIENNE-DES-MONTS

Sire,

Les populations de ces montagnes accueillirent avec joie et comme le plus grand bienfait, la nouvelle du traité qui les réunit à la France ; car malgré notre attachement à la Maison de Savoie, *la nature nous portait irrésistiblement vers cette grande nation française* de laquelle aucune barrière ne nous sépare, et avec laquelle nous sommes *en communauté de race, de langage et de mœurs.*

C'est à vous, Sire, le libérateur de l'Italie, le protecteur de son indépendance, que nous devons le suprême bonheur de *retourner au sein de notre* PATRIE NATURELLE, envers laquelle une trop longue séparation n'avait point affaibli notre affection.

L'histoire enregistrera ce fait comme une des plus belles gloires de votre règne, et nous, gardiens des Alpes, le jour où il faudra combattre, nous prouverons que nous sommes dignes de défendre les nouvelles frontières de la France et jamais nous ne faillirons à notre vieille réputation de fidélité.

CONSEIL MUNICIPAL DE SOSPEL

Sire,

La nouvelle de la réunion du Comté de Nice à la France a rempli *de joie et d'espérance* tous les habitants de cette ville.

Le Conseil municipal, interprète des vœux et des sentiments de cette population, est heureux de pouvoir offrir à Votre Auguste Majesté l'hommage de la respectueuse fidélité qu'elle a toujours professée pour le bien-aimé Victor-Emmanuel II et de vous exprimer sa *reconnaissance pour les bienfaits que vous nous procurez par notre union à la grande famille française.*

COMMUNE DE TENDE

Les soussignés, tous propriétaires, bourgeois et habitants de la commune et Comté de Tende, arrondissement de Nice, viennent déposer aux pieds du trône de Votre Majesté les sentiments de fidélité, de respect et de dévouement qu'ils porteront à leur nouvelle patrie, du jour où ils pourront enfin se dire membres de la famille française.

COMMUNE DE TOURRETTE

Sire,

En signant le traité du 24 mars 1860, vous avez tracé *une des plus belles pages de votre histoire.* Vous avez rendu à la France un lambeau de terre qui, *bien qu'il en fut détaché politiquement, ne cessa jamais de lui appartenir par la race, par les mœurs et par le langage de ses habitants.*

Vous avez fait plus encore, Sire! Vous avez vengé la France de l'affront sanglant de 1815!

Que Votre Majesté soit bénie pour *cet acte mémorable* qui illustrera un règne déjà glorieux à tant de titres et qui *inaugurera pour notre pays une ère nouvelle de grandeur et de prospérité.*

COMMUNE DE TRINITÉ-VICTOR

Sire,

Les sentiments de respect, de fidélité et de dévouement que la commune de la Trinité a toujours eus pour ses bien-aimés souverains, lui ont mérité de joindre à son nom primitif celui de Victor qui lui a été accordé par l'incomparable Victor-Emmanuel Ier.

Ces sentiments, Sire, sont une garantie du vif et sincère attachement que nous aurons pour Votre Majesté Impériale du jour que le traité du 24 mars sera définitivement mis à exécution.

Si cette commune n'a pas été des premières à vous témoigner sa sympathie pour la France, c'est qu'elle a voulu vous le témoigner plus efficacement en vous présentant *le résultat du vote unanime de ses habitants pour l'annexion à la grande famille française.*

HABITANTS D'UTELLE

Les habitants d'Utelle s'empressent de venir déposer aux pieds de Votre Majesté l'hommage de leur admiration et de leur reconnaissance.

Il n'appartient pas à nous, pauvres et obscurs montagnards, de faire l'éloge des œuvres de Votre Majesté. Mais il nous est permis de parler de *celle qui remplit nos cœurs de joie et d'espérance.*

En venant généreusement au secours du loyal roi Victor-Emmanuel, vous avez rendu presque toute l'Italie libre et indépendante. Vous venez maintenant de faire *rentrer* dans le sein de la grande famille française deux de ses membres qui en étaient restés trop longtemps *séparés* et qu'on peut, à bon droit, appeler deux longs bras de la France toujours prêts à défendre *la patrie qui leur est enfin rendue*.........

COMMUNE DE VILLEFRANCHE

Les habitants de Villefranche sans oublier les sentiments de la plus haute sympathie qu'ils doivent à juste titre à S. M. le roi Victor-Emmanuel, s'empressent de témoigner leur reconnaissance à S. M. l'empereur des Français et le remercient de l'intérêt qu'il porte à leur pays en les appelant à faire partie de la Grande Nation.

PAGE 58. — *La presque unanimité des habitants.....*

TABLEAU OFFICIEL DU VOTE DES 15 ET 16 AVRIL 1860

COMMUNES	INSCRITS	VOTANTS	OUI	NON	NULS
Nice..............	7.918	6.846	6.810	11	25
Ascros............	146	129	129	»	»
Aspremont.........	505	412	412	»	»
Auvare	33	33	32	»	1
Bairols...........	67	65	65	»	»
Belvédère	283	261	261	»	»
Berre.............	175	174	174	»	»
Beuil.............	152	145	145	»	»
Bollène (La)	210	208	208	»	»
Bouson............	120	114	114	»	»
Breil.............	841	557	556	1	»
Brigue............	1.190	323	323	»	»
Castellar.........	219	137	79	58	»
Châteauneuf.......	337	305	305	»	»
Châteauneuf d'Entr..	75	70	70	»	»
Castillon.........	100	73	72	1	»
Clans.............	232	212	212	»	»
Coaraze...........	211	209	209	»	»
Contes............	521	499	499	»	»
Cuébris...........	92	84	84	»	»
Daluis............	95	94	94	»	»
Drap..............	247	217	217	»	»
Duranus...........	81	76	76	»	»
Entraunes.........	151	147	147	»	»
Escarène..........	465	425	424	1	»
Eze...............	171	133	133	»	»
Falicon...........	152	151	151	»	»
Gilette...........	230	230	230	»	»
Gorbio............	171	85	59	26	»
Guillaume.........	307	292	292	»	»
Lieusola..........	287	266	266	»	»
La Croix..........	92	90	90	»	»
Lantosque.........	696	627	627	»	»
La Penne..........	71	70	70	»	»
La Tour...........	244	227	227	»	»
A reporter...	16.887	13.986	13.862	98	26

COMMUNES	INSCRITS	VOTANTS	OUI	NON	NULS
Report...	16.887	13.986	13.862	98	26
Levens............	487	481	481	»	»
Lieuche............	52	47	47	»	»
Lucéram...........	305	302	302	»	»
Malaussène........	123	109	109	»	»
Marie.............	72	67	67	»	»
Massoins..........	81	78	78	»	»
Menton...........	910	695	639	54	2
Moulinet..........	330	231	231	»	»
Peille.............	548	408	408	»	»
Peillon............	167	151	151	»	»
Péonne............	179	179	179	»	»
Pierlas............	53	46	46	»	»
Pierrefeu..........	68	66	66	»	»
Puget-Rostang.....	60	57	57	»	»
Puget-Théniers....	374	352	352	»	»
Rigaud...........	156	144	144	»	»
Rimplas...........	71	55	55	»	»
Roubion...........	105	101	101	»	»
Roquebillère.......	527	503	503	»	»
Roquebrune.......	210	194	194	»	»
Roquestéron.......	122	122	122	»	»
La Roquette.......	235	228	228	»	»
Roure.............	157	154	154	»	»
Saint-Agnès.......	176	96	91	5	»
Saint-André.......	167	166	166	»	»
Saint-Antonin.....	27	27	27	»	»
Saint-Blaise.......	102	98	98	»	»
St-Dalmas-le-Selvage	213	213	213	»	»
Saint-Etienne......	609	505	505	»	»
Saint-Léger........	38	38	38	»	»
St-Martin-d'Entraun.	158	148	148	»	»
St-Martin-Lantosque.	441	425	425	»	»
Saint-Sauveur.....	148	117	117	»	»
Saorgio...........	793	605	605	»	»
Sauze.............	91	74	74	»	»
Sigale.............	118	118	118	»	»
Sospel............	940	868	864	2	2
Tende.............	676	388	387	1	»
A reporter...	26.976	22.642	22.452	160	30

COMMUNES	INSCRITS	VOTANTS	OUI	NON	NULS
Report...	26.976	22.642	22.452	160	30
Thierry................	64	61	61	»	»
Toudon................	140	139	139	»	»
Touët-de-Beuil.....	114	114	114	»	»
Touët-de-l'Escarène.	123	105	105	»	»
Tournefort	60	56	56	»	»
Tourrette-Levens...	408	369	369	»	»
Tourrette-Revest....	119	119	119	»	»
Trinité-Victor	433	301	301	»	»
Turbie................	224	191	191	»	»
Utelle................	729	694	694	»	»
Valdeblore...........	282	212	212	»	»
Venanson	84	70	70	»	»
Villefranche.........	604	535	535	»	»
Villeneuve-d'Entr...	73	73	73	»	»
Villars...............	245	228	228	»	»
Ylonse...............	134	124	124	»	»
Total...	30.812	26.033	25.843	160	30

Les chiffres de ce tableau, relevés sur les procès-verbaux des Communes, diffèrent de ceux qui ont été proclamés comme officiels, par la Cour d'Appel de Nice et que nous avons rapportés à la page 58 (Note). Il y a une centaine de voix de plus aux trois premières colonnes de cet état récapitulatif : *Inscrits*, *Votants*, *Oui*. Ces 100 voix avaient été comptées en moins à la commune de Falicon.

VOTE DE L'ARMÉE

Résultat connu le 28 avril, jour de la proclamation du scrutin par la Cour d'appel de Nice

DÉSIGNATION DES GARNISONS	OUI	NON	NULS
Garnison de Turin	210	49	1
— de Gênes	94	8	2
— de Milan	90	7	1
— de Villefranche	38	»	»
— de Monaco ⎫ Unanimité	»	»	»
— de Vintimille ⎬ de	»	»	»
— d'Oneille ⎭ OUI	»	»	»
TOTAL général de toute l'armée.	1.200	186	23

Il est à remarquer que, sur les 160 Non, il y en a 143 qui appartiennent aux communes de Menton, de Castellar, de Gorbie et de Sainte-Agnès, lesquelles sont comprises dans le bassin de Menton.

Voici, d'ailleurs, comment les votes négatifs se trouvent répartis dans les diverses subdivisions géographiques de l'ancien comté :

Ville de Nice	11	⎫
Vallée du Paillon	1	⎬ NON
— de la Roya	5	⎪
— de Menton	143	⎭
— de la Vésubie		⎫
— de la Tinée		⎬ Unanimité de OUI
— du Var		⎪
— de l'Estéron		⎭

VOTE DE LA CHAMBRE DES DÉPUTÉS DE TURIN

Votants 262
Pour 229
Contre. 33
Abstensions. 23

VOTE DU SÉNAT ITALIEN

Séance du 10 juin 1860

Votants 102
Pour 92
Contre. 10
Abstensions. 16

Page 58. — *La Chambre des députés de Turin, appelée à ratifier le Traité....*

Voici quelques extraits de cette mémorable discussion qui précéda le vote de deux ou trois jours seulement :

PARLEMENT PIÉMONTAIS

CHAMBRE DES DÉPUTÉS. — SÉANCE DU 12 AVRIL 1860

Le Président *Zanolini*, doyen d'âge, ouvre la séance par un discours qui est fort applaudi. Il invite ensuite le bureau définitif à entrer en fonctions.

M. Lanza remercie la Chambre de l'honneur qu'elle lui a décerné en l'appelant à la présidence.....

L'ordre du jour appelle les interpellations du général Garibaldi.

Garibaldi : Messieurs, dans l'article 5 du Statut il est dit : « Les traités qui entraîneraient une modification du « territoire de l'Etat, n'auront pas leur effet avant d'avoir « obtenu l'assentiment de la Chambre. »

En conséquence de cet article de la loi fondamentale, s'il y a un commencement d'exécution donné à quelque diminution de l'Etat, avant que cette diminution soit sanctionnée par la Chambre, il sera contraire au Statut. Si une partie de l'Etat vote pour la séparation avant que la Chambre ait décidé si cette séparation doit avoir lieu, avant même qu'elle ait décidé si l'on doit voter et comment l'on doit voter pour le commencement d'exécution de la séparation, il y a là un *acte inconstitutionnel*.

Telle est, messieurs, au point de vue constitutionnel, la QUESTION DE NICE. Je la soumets aux intelligentes appréciations de la Chambre.

Maintenant je dirai quelques mots au sujet de la question de mon pays, considérée sous le rapport politique.

Les Niçois, après leur soumission en 1388 à la Maison de Savoie, stipulèrent, le 13 novembre 1391, que le comte de Savoie ne pouvait aliéner la ville en faveur d'un prince quel qu'il fut, et que s'il le faisait les habitants auraient le droit de résister les armes à la main et de prendre un autre souverain de leur choix sans se rendre coupables de rebellion.

Donc, en 1388, Nice se donna à la Dynastie Savoisienne à la condition de n'être jamais aliénée à aucune puissance étrangère.

Or, par **le traité du 24 mars**, le gouvernement l'a cédée à Napoléon.

Une telle cession est contraire au droit des gens.

On dira que Nice a été échangée contre deux provinces plus importantes ; mais tout trafic de population répugne au sens universel des populations civilisées et il doit être repoussé parce qu'il établit un précédent dangereux qui pourrait diminuer la confiance que le pays doit avoir, à bon droit, dans son avenir.

Le gouvernement justifie sa conduite par le vote des populations qui aura lieu le 15 et 16 courant. En Savoie il a lieu le 22 ; mais pour Nice, il y a plus de hâte.

La pression sous laquelle se trouve courbée la population niçoise, la présence de nombreux agents de police, les flatteries, les menaces faites impunément à ces pauvres populations, la compression employée par le gouvernement français pour pousser à l'annexion du pays à la France, comme cela résulte de la proclamation du gouverneur Lubonis ; l'absence de Nice de beaucoup de nos concitoyens, obligés par tous ces motifs de quitter la ville ; la précipitation et la manière dont on demande le vote de ces populations, toutes ces circonstances enlèvent au suffrage universel son vrai caractère de liberté.

Mes collègues et moi, nous avons la confiance que la Chambre et le ministère sauront pourvoir immédiatement et énergiquement à ce que, du moins le vote suprême de mon pays natal, puisse être libre de toute pression et prononcé avec la sécurité et la régularité légale, dont la sagesse de la Chambre saurait l'entourer, en ordonnant dans ce but, la suspension du vote de Nice.

M. de Cavour, président du conseil : Je demande la parole.

L'honorable député Garibaldi a condamné le traité du 24 mars comme inconstitutionnel, — comme contraire au droit des gens — comme résultant d'une politique qui peut être fatale à notre pays et qui doit être repoussée par tous les peuples civilisés.

Le traité du 24 mars n'est pas une chose isolée ; le ministère le considère comme un acte qui rentre dans la série *des faits accomplis* et qui *restent à accomplir*. Il fait partie de notre système politique, on ne peut le justifier sans entrer dans de longs développement, sans exposer minutieusement à la Chambre quels sont les principes sur lesquels *a été basé, se base et se basera notre conduite politique*.....

Pour le moment, sur le terrain politique, je me borne à cette seule déclaration, c'est que la *cession de Nice* et *de la Savoie était la* CONDITION ESSENTIELLE *de la réalisation du programme politique qui, en peu de temps, nous a conduit à Milan, à Florence et à Bologne !*

Nous sommes convaincus d'une chose, c'est qu'il était possible de renoncer au traité du 24 mars, mais il était impossible de le faire sans tomber dans une erreur qui aurait été inévitablement fatale. Il était impossible de repousser ce traité et de poursuivre la même politique. *Non-seulement les conquêtes passées auraient été exposées à un danger évident*, MAIS LES DESTINÉES MÊMES DE NOTRE PAYS AURAIENT ÉTÉ EN PÉRIL.

M. de Cavour concluait qu'on ne pouvait traiter incidemment une question aussi grave, qui embrassait *non-seulement les destinées du royaume Sarde,* mais *encore* CELLES DE L'ITALIE TOUTE ENTIÈRE.

Les puissances européennes avaient donné leur acquiescement. Ceux de l'Angleterre et de la Russie résultent des pièces suivantes :

PARLEMENT D'ANGLETERRE

CHAMBRE DES COMMUNES. — SÉANCE DU 19 AVRIL 1860.

M. Horsman attaque violemment le traité du 24 mars qui, selon lui, est une menace contre l'Europe, que la politique française tend a absorber. On déchire les traités de 1815 qui avaient pour but d'enchaîner la France ; l'annexion de Nice et de la Savoie en seraient la violation flagrante ; l'Angleterre ne doit pas le permettre.

Lord Russell répond au nom du gouvernement :

« Lorsque nous apprîmes pour la première fois, non point que cette mesure était résolue, mais qu'elle pourrait être prise et réalisée, nous constatâmes qu'une telle cession de territoire pourrait avoir, à notre avis, de funestes conséquences et pour la France elle-même et pour la paix générale et la tranquillité de l'Europe. Mais nous n'avions pas le droit de dire au roi de Sardaigne : — « Vous ne céderez pas votre territoire à la France » — pas plus que nous n'avions celui de dire à l'empereur des Français : — « Vous n'accepterez pas le territoire que le roi de Sardaigne a la volonté de vous céder. »

« Cette manière de voir a été celle de plusieurs puissances de l'Europe, la Russie entre autres. L'ambassadeur du Czar a déclaré que cette affaire ne regardait absolument que les deux souverains de France et de Sardaigne ; que l'empereur des Français avait le droit de demander la cession sans que personne eût rien à y voir.

« Je n'ai point entendu dire qu'une seule puissance d'Europe ait fait, à ce sujet, autant de représentations que nous. Toutes pensent que l'empereur des Français peut prendre possession de ce territoire s'il lui est cédé. Quelques-unes d'entre elles, comme nous, ont jugé que ce serait un dangereux exemple qui pourrait avoir des funestes conséquences dans l'avenir, mais aucune d'elle n'a dit : — « Nous avons le droit de protester contre la cession. »

« Ainsi, nous avons agi, non-seulement en conformité avec les lois internationales, mais encore conformément à l'opinion de toutes les puissances européennes. »

DÉPÊCHE DU PRINCE GORTSCHAKOFF

Saint-Pétersbourg, 30 mars, 12 avril 1860.

M. le duc de Montebello m'a communiqué une dépêche que M. Thouvenel lui a adressée sous la date du 13 courant.

Elle contient les vues du cabinet des Tuileries au sujet de l'annexion de la Savoie et du Comté de Nice à la France.

Sa Majesté l'empereur en a pris connaissance avec tout l'intérêt que comporte la gravité du sujet. Mon auguste maître considère cette cession, librement consentie par Sa Majesté le roi de Sardaigne, comme une transaction entre souverains indépendants, qui, au point de vue de Sa Majesté, ne compromet pas l'équilibre européen, pourvu qu'elle soit combinée, en ce qui concerne le territoire de la Savoie soumis à la neutralisation, de manière à ne léser aucun droit acquis, à ne porter atteinte à aucun intérêt légitime et à maintenir dans toute leur étendue les principes de la neutralité perpétuelle de la Suisse proclamée dans les actes de Vienne et de Paris.

Sa Majesté Impériale s'est convaincue avec satisfaction que ce dernier point de vue est partagé par le gouvernement français ainsi qu'il résulte de l'art. 2 du traité signé avec le gouvernement piémontais et des déclarations dont M. le ministre des affaires étrangères s'est constitué l'organe.

Sa Majesté l'empereur se plaît à espérer que la discussion dont la question des territoires limitrophes de la Confédération helvétique sera l'objet, contribuera à amener une entente de nature à être agréée par toutes les parties.

Le cabinet impérial y apportera de son côté, la plus sérieuse sollicitude en faveur du maintien des stipulations qui garantissent la sécurité d'un Etat dont la neutralité est un objet d'intérêt européen.

D'ordre de Sa Majesté, j'invite Votre Excellence à donner lecture de cette dépêche à M. le ministre des affaires étrangères et à lui en laisser copie.

GORTSCHAKOFF.

Page 59. — *Les autres communes du Comté imitèrent cet exemple.....*

En effet, la protestation du Conseil municipal de Nice ne fut pas isolée; plusieurs l'avaient précédée et plusieurs la suivirent. Voici, entre autres, celle du syndic de Bonson :

PROTESTATION DU SYNDIC DE BONSON

La *Gazette de Nice*, dans son n° 1149, dit que la pression la plus intolérable est exercée sur tous les syndics de l'arrondissement de Nice, etc.

En ma qualité de syndic de la commune de Bonson, je viens protester énergiquement contre une pareille assertion et déclare, au nom de la vérité, que nulle pression n'a été exercée par qui que ce soit, tant auprès de moi, qu'auprès d'autres personnes de mon pays et que ces populations, loin d'avoir besoin de pression, ont toujours aspiré, depuis 1815, vers leur *Mère-Patrie* la France qui seule peut faire le bonheur.

Signé : Andreis.

Page 60. — *A chaque phrase sont affirmés les sentiments français de la population.....*

Le vote du 15 avril 1860 s'effectua au milieu de l'explosion de la joie universelle ainsi qu'en témoignent les journaux du temps.

EXTRAITS DU *Messager de Nice.*

Nice, lundi 16 avril 1860.

Un certain nombre de nos hôtes anglais et russes ont suivi, hier, avec attention, les divers incidents de la journée et se sont même rendus dans la cour du Collége national afin de suivre de plus près les opérations électorales et de constater, par eux-mêmes, de la valeur des accusations lancées par la *Gazette de Nice* pour faire douter de la spontanéité et de la sincérité du vote.

Nous avons remarqué avec joie leur présence. Nous faisons volontiers appel au témoignage de tous les étrangers, présents à Nice, certains que devant l'enthousiasme qui s'est manifesté hier dans notre population, les plus incrédules eux-mêmes reconnaîtront la réalité et la force du mouvement qui l'entraîne vers la France.

Après la journée d'hier nous ne croyons pas qu'il soit possible aux adversaires les plus obstinés de l'annexion de parler encore d'une pression exercée soit par l'autorité provisoire, soit par le gouvernement français.

Dans tous les cas, un pareil démenti donné à l'évidence même, ne serait pas seulement odieux, mais ridicule, et tomberait devant le témoignage unanime de nos hôtes étrangers eux-mêmes.

Il sera impossible aux personnes qui n'auront pas assisté à la grande manifestation d'hier, de se rendre compte de la sincérité des sentiments qui se sont traduits, pendant toute la journée, par des acclamations unanimes, énergiques, prolongées.

Dès le matin, bien que les urnes ne fussent ouvertes qu'à 9 heures, nous avons assisté jusqu'à 5 heures du soir à un immense défilé des habitants des paroisses rurales, qui, drapeau en tête, guidés par leurs curés et les notables de l'endroit, se dirigeaient en bon ordre vers la place du Collége ou bien venaient attendre sur la place Victor ou sur les boulevards, leur tour d'entrer dans l'enceinte électorale.

Tous les électeurs portaient la cocarde française et ils avaient, en outre, à leur chapeau le bulletin de vote, afin que le scrutin secret fût précédé de la votation publique.

Cette franchise dans l'expansion de leurs vœux était encore rendue plus significative par les cris de : *Vive la France ! Vive l'Empereur !* qu'ils faisaient entendre à chaque instant. La population répondait par ses acclamations et par ses applaudissements à cette manifestation, aussi digne dans son expression que calme dans sa force.........

En plein jour, les électeurs de la campagne ont voulu qu'on pût faire le dénombrement de leurs suffrages ; ils ont tenu à ce que leur vote, rendu public, apparut tel qu'i était réellement, spontané et unanime.

Pendant toute la journée, précédés de leurs tambours, entourant le drapeau de la France, leur nouvelle patrie, les habitants des paroisses rurales ont parcouru la ville en bon ordre et avant de rentrer chez eux, après avoir accompli leur mandat de citoyens, ils ont fait entendre en se retirant, sur les boulevards et dans les rues qu'ils ont parcourus, les acclamations qui, le matin, avaient signalé leur arrivée.

La journée d'aujourd'hui nous réserve un spectacle du même genre; mais les habitants de la ville, quoi qu'ils fassent, ne pourront jamais produire une manifestation plus nettement caractérisée que celle dont les populations de la campagne ont trouvé le secret dans leurs aspirations vers la France.

―――

Trois jours après le vote, le 19 avril, un banquet fut offert à M. Piétri, par les notables de

Nice. Voici quelques-unes des paroles qui y furent prononcées :

Discours de M. Lubonis, gouverneur.

La date des 15 et 16 avril 1860 sera *à jamais mémorable* dans les annales de notre pays.

Elle rappellera *une des plus éclatantes démonstrations de tout un peuple* en faveur de la France, qui, placée à la tête de la civilisation, a toujours eu le singulier privilége d'inspirer partout les plus vives sympathies, *mais particulièrement dans le Comté de Nice* où de grandes affinités de race, de langage de mœurs nous attiraient vers la grande nation.....

Discours de M. Malausséna, syndic.

....

Sans doute, il y avait au fond des cœurs de la population de Nice de vives sympathies pour la France ; sans doute ces sympathies devaient éclater et entraîner les cœurs honnêtes et loyaux le jour où le Roi, nous dégageant de tout devoir envers lui, nous aurait annoncé lui-même que désormais la *seule manière de le servir* et de lui être fidèle c'était de reporter sur la France et sur l'Empereur la fidélité et le dévouement que nous avions pour lui et pour la cause italienne...

L'esprit de parti, toujours aveugle, toujours déloyal, a pu parler de pression et d'intimidation ; mais de ces moyens aussi indignes du caractère élevé du représentant de l'empereur que de celui des Niçois, en avons-nous vu des traces ?

Nous les chercherons en vain et je suis heureux de pouvoir donner ici, à ces bruits calomnieux, le plus éclatant démenti.

Une députation de la Cour d'Appel fut déléguée, le 22 avril, auprès de M. Piétri, et M. le Conseiller comte de Cessole, portant la parole en son nom, s'exprima comme suit :

La Cour d'appel nous envoie vers vous, M. le Sénateur, pour vous exprimer la satisfaction que lui fait éprouver le vote qui vient d'être émis pour l'annexion de Nice à la France. Ce vote, en effet, qui a secondé le désir témoigné par le Roi lui-même et dont le résultat définitif sera bientôt proclamé par la Cour en audience solennelle, *est la preuve la plus éclatante du bonheur* que le peuple Niçois éprouve en songeant qu'il va en ce moment faire partie d'une grande et puissante nation telle que la France.

Page 68. — *La France, outre les travaux accomplis par ses ingénieurs…..*

TABLEAU COMPARATIF DES VOIES DE COMMUNICATION DANS L'ANCIEN COMTÉ DE NICE AVANT ET APRÈS L'ANNEXION

	En 1859	En 1870
Chemin de fer . . . . kilom.	néant.	35
Routes royales ou nationales.	138	376
— provinciales ou départementales.	23	208
— communales et chemins vicinaux de grande communication . .	105	460

Le chemin de fer qui comprend un parcours de 35 kilomètres du pont du Var au pont Saint-Louis, a présenté de grandes difficultés d'exécution; il a fallu percer de nombreux tunnels et opérer des travaux de consolidation pour se préserver des éboulements des montagnes.

Cette construction n'est due qu'à l'énergique impulsion du gouvernement français, qui a su attirer les capitaux et encourager la puissante compagnie Paris-Lyon-Méditerranée que les difficultés de ce travail et l'incertitude du bénéfice pouvaient rebuter.

La longueur des routes nationales actuellement carrossables est de plus de 320 kilomètres; celle des chemins entretenus comme muletiers est de plus de 55 kilom.

La longueur des routes départementales actuellement carrossables est de plus de 186 kilomètres; la longueur qui y sera ajoutée au 31 décembre prochain est de près de 6 kilomètres. La longueur totale carrossable sera donc à cette époque d'à peu près 206 kilomètres, et celles à entretenir comme chemins muletiers, sera de 13 kilomètres.

Page 70. — *On est frappé d'admiration si l'on compare.....*

L'Etat percevait, en 1869, les revenus suivants dans la contrée annexée :

Contributions directes (personnelle, mobilière, foncière et patentes............................	951.750 »
Enregistrement, domaines, timbre........	1.369.800 »
Douanes (Droits de douanes, de navigation et taux de consommation des sels)	588.120 »
Contributions indirectes.................	2.356.000 »
Postes................................	436.380 »
	5.702.050 »

Les dépenses ont été, en 1869, les suivantes :

Services du ministère de l'intérieur....... 203.000 »
— — de la justice........ 94.600 »
— — des cultes.......... 200.700 »
— — de la guerre........ 1.826.000 »
— — des travaux publics.. 124.600 »
— — des finances :

1° Receveurs et percepteurs. 122.758 35
2° Enregistrem. et domaines 117.426 65
3° Contributions directes... 139.518 19
4° Contributions indirectes. 606.000 » } 2.078.705 50
5° Douanes............... 462.076 68
6° Forêts................. 48.005 »
7° Postes................. 150.334 »
8° Tabacs................. 432.586 63

Services du ministère de l'agriculture. ... 28.300 »
— — de l'instruction publ. 77.200 »
— — de la marine....... 211.112 »

        Total..... 4.844.217 50

Part des arrondissements de Nice et de Puget-Théniers dans la dette publique et les dotations, s'élevant en France à 531 millions...................... 1.100.000 »

    Total des Dépenses...... 5.944.217 50
    Total des Recettes...... 5.702.050 »

    Excédant des Dépenses.... 242.167 50

Plus 150 à 169,000 fr. pour les pensions de retraite et secours.

Le compte-rendu administratif publié à Turin par le ministre des finances, pour l'exercice 1858, donne les détails suivants sur les divers impôts perçus à cette époque dans le comté de Nice :

Impôts et revenus directs.......	4.806.740	»
Décime de guerre établi en 1859.	480.674	»
Centimes additionnels..........	507.385	»
Total ...	5.794.799	»

La population du comté de Nice était alors de 120,838 âmes, soit un impôt annuel de 48 fr. 27 c. par tête.

La population du Comté de Nice, d'après un recensement fait à la fin de 1,822, était de 85,220 âmes. C'était une augmentation de 2,310 personnes depuis le recensement du 12 octobre 1815.

La population du seul territoire de Nice était de 25,925 âmes.

En 1857, d'après le recensement du 31 décembre, la population de la ville de Nice était de 44,091 âmes y compris 5,524 Italiens, Piémontais, Génois, garnison, etc., et de plus 2,461 étrangers, venus pour passer l'hiver, et un millier de Français établis à Nice, ce qui réduit la population à 35 mille âmes.

Elle dépasse aujourd'hui 50,000 mille âmes.

Quant au commerce en général il devient plus étendu par la disparition des douanes de Saint-Laurent et du Var; tous les produits du terroir de Nice et des environs s'écoulent en France et d'après la statistique cet écoulement a plus que centuplé; les objets qui nous manquent et qui payaient un droit d'entrée n'en paient plus.

Le salaire des ouvriers est augmenté dans les proportions suivantes :

	Avant le retour	Depuis le retour
Maçons . . . . . Fr.	2 » à 2 50	3 50 à 4 »
Manœuvres	1 25 à 1 50	2 25 à 2 50
Marbriers	0 00 à 0 00	0 00 à 0 00
Menuisiers.	0 00 à 0 00	0 00 à 0 00
Journaliers de la campagne	1 50 en moyenne	2 50
Journalières de la campagne	0 75 —	1 » à 1 25
Cigareuses	0 60 environ	1 70

Page 96. — *Il résulte de documents authentiques que l'Instruction publique.....*

ÉTAT DE L'INSTRUCTION PRIMAIRE
DANS LE DÉPARTEMENT DES ALPES-MARITIMES

Rapport de 1861

Dans la partie annexée (arrondissements de Nice et Puget-Théniers), tout a dû être, pour ainsi dire créé. — Triste état de l'instruction primaire dans le comté de Nice avant 1848. — Le gouvernement sarde s'en émeut et crée une législation presque analogue à notre loi de 1850. — Il institue 1 école publique par commune, et distingue 4 sortes d'écoles : 2 primaires, 2 supérieures. — Programmes s'y rapportant. — Ecoles accessibles à tous et gratuité absolue. — Projet de création d'écoles normales. — Contrôle exercé par un inspecteur primaire résidant à Nice, et des *proviseurs*, pris parmi les notables cantonaux. — Taitement alloué à ceux-ci. Nonobstant ces sages mesures, rien ne prospérait faute de bonne exécution.

A l'Annexion, pas d'écoles publiques de garçons dans plusieurs communes ; celles de filles sont seulement dans les grands centres. — Ecoles sans subsides de l'Etat. — Situation matérielle déplorable. — 14 communes sur 47 (arrondissement de Nice) étaient seules propriétaires de leurs salles de classe; 41 écoles seules sur 62 avaient un mobilier, et encore était-il délabré. — Traitament des instituteurs voté par la commune. — Rétribution scolaire remplacée par la *minervale*, sorte de redevance annuelle s'élevant à 2 fr. 50 c. par élève. — Conseils municipaux ayant droit de nommer et révoquer les instituteurs. (Ce système, inauguré en France de 1833 à 1850, a été condamné pour ses effets.)

Pénibles et périlleuses tournées de MM. les inspecteurs primaires dans les arrondissements de Nice et de Puget-Théniers, pour éclairer l'administration sur les mesures à prendre. — Les instituteurs sardes sont remplacés, malgré le désir qu'on avait de les conserver.

Dès les premiers jours de 1861, les écoles partout constituées fonctionnent régulièrement.

Rapport de 1862

I. — ÉTAT NUMÉRIQUE DES ÉCOLES

ARRONDISSEMENTS	NOMBRE des communes	NOMBRE DES ÉCOLES					TOTAUX
		SPÉCIALES AUX GARÇONS		MIXTES	DE FILLES		
		Publiques	Libres		Publiques	Libres	
Nice..........	40	62	11	3	30	32	138
Puget-Théniers.	47	45	»	19	14	1	79
Grasse........	59	51	13	9	28	27	128
Totaux en 1862	146	158	24	31	72	60	345
Totaux en 1861	146	161	24	23	50	78	345
En plus en 1862	»	»	»	8	22	»	»
En moins......	»	3	»	»	»	18	»

II. — POPULATION DES ÉCOLES

ARRONDISSEMENTS	POPULATION	POPULATION DES ÉCOLES				TOTAUX
		DE GARÇONS		DE FILLES		
		Publiques	Libres	Publiques	Libres	
Nice............	102.568	4.647	232	2.085	1.278	8.242
Puget-Théniers..	23.956	1.963	»	869	19	2.851
Grasse	68.024	2.617	456	1.678	927	5.678
Totaux en 1862.	194.548	9.227	688	4.632	2.224	16.771
Totaux en 1861.	»	8.661	912	3.711	2.524	15.808
En plus en 1862.	»	566	»	921	»	963
En moins.......	»	»	224	»	300	»

FRÉQUENTATION MOYENNE DES ÉCOLES PUBLIQUES DANS LE DÉPARTEMENT DES ALPES-MARITIMES

ARRONDISSEMENTS	ÉCOLES DE GARÇONS	ÉCOLES DE FILLES
Nice..........	$\frac{1}{21}$ de la population.	$\frac{1}{30}$ de la population.
Puget-Théniers.	$\frac{1}{12}$ de la population.	$\frac{1}{27}$ de la population.
Grasse	$\frac{1}{22}$ de la population.	$\frac{1}{26}$ de la population.

III. — MATÉRIEL DES ÉCOLES — BIBLIOTHÈQUES SCOLAIRES

Le gouvernement sarde a livré les maisons d'école dans un triste état. — Beaucoup de municipalités secondent l'initiative de l'administration par leurs ressources disponibles. — 27 projets de reconstruction ou d'appropriation approuvés dès le milieu de 1861. Ces projets entraînaient une dépense de 203,521 fr. 82 c., ainsi répartie :

Quote-part du département.... 2.585 08
   Id.   de l'Etat.......... 82.683 28
   Id.   des communes.... 118.253 46

TOTAL ÉGAL... 203.521 82

Urgence de ces travaux, car le département contient 107 écoles de garçons en mauvais état sur 189, et 39 écoles de filles sur 72.

Appel fait aux administrations locales entendu. — 67 communes ont voté une somme de 8,274 fr. 75 cent. pour achat de bibliothèques ou livres. — Le Conseil général, dans le même but, a donné 1,000 fr. — Enfin 93 communes ont reçu des livres du ministre.

IV. — ENTRETIEN DES ÉCOLES ET DES INSTITUTEURS PUBLICS
DÉCOMPTE DES RESSOURCES POUR 1862
ÉCOLES SPÉCIALES AUX GARÇONS ET MIXTES

ARRONDISSEMENTS	RESSOURCES ordinaires et CENTIMES additionnels	RÉTRIBUTION SCOLAIRE	SUBVENTION du DÉPARTEMENT	SUBVENTION de L'ÉTAT	TOTAUX
Nice..........	48.735 49	6.350 50	2.681 25	9.278 10	67.045 34
Puget-Théniers..	14.226 18	3.979 75	»	18.341 22	36.547 15
Grasse..........	11.994 77	24.873 50	»	10.219 01	47.067 28
TOTAUX...	74.956 44	35.203 75	2.681 25	37.838 33	150.659 97

Les subventions de l'Etat figurent, dans ce tableau, pour $1/5$ environ de la dépense totale dans l'arrondissement de Grasse; pour $1/7$ dans celui de Nice; pour $1/2$ dans celui de Puget-Théniers.

Rétribution scolaire en 1861 : 26,617 fr. 15 c., accru, en 1862, de 8,566 fr. 60 c. pour ces trois causes différentes :

1° Fréquentation plus régulière et plus longue ;
2° Accroissement du nombre d'élèves ;
3° Augmentation de la rétribution scolaire.

Il existe 50 écoles publiques, où la gratuité a été maintenue, et qui sont à la charge des communes. Ainsi sont celles de Nice, comptant 1,719 garçons et 488 filles.

RÉPARTITION DES ÉLÈVES GRATUITS DANS LES ÉCOLES PUBLIQUES

Arrondissement de Nice..........	2.780 garçons	1,508	filles
— de Puget-Théniers	516 —	385	—
— de Grasse.......	657 —	446	—
Totaux...	3,953 garçons	2,339	filles

V. — PERSONNEL ENSEIGNANT

Instituteurs.	publics..	directeurs d'écoles..	189	241	267
		adjoints..........	52		
	libres ...	directeurs d'écoles..	24	26	
		adjoints......	2		
Institutrices	publiques	directrices d'écoles .	72	121	251
		adjointes..........	49		
	libres ...	directrices d'écoles..	60	130	
		adjointes..........	70		
		Total égal..........		518	518

VI. — ENSEIGNEMENT

Ecoles publiques — Résultats obtenus

	Garçons	Filles
Bonnes	77	35
Assez bonnes	52	21
Passables	29	9
Médiocres	20	5
Mauvaises	11	2
Total	189	72

Somme toute, en 1862 il a été créé 21 écoles publiques nouvelles; 8 mixtes et 13 spéciales aux filles. La population scolaire a crû de 963 élèves; la rétribution a dépassé de 8,566 fr. 60 c. celle perçue l'année précédente.

Ecoles de garçons presque exclusivement dirigées par des laïques. — 6 écoles publiques seulement et une libre ont à leur tête des congréganistes.

Ecoles de filles : 25 communales et 11 libres dirigées par des religieuses.

Le culte réformé compte 5 écoles libres à Nice et à Cannes : 2 de garçons, 3 de filles.

VII. — ÉCOLE NORMALE PRIMAIRE

33 élèves-maîtres, 32 boursiers et *un* payant.

VIII. — COURS D'ADULTES

132 cours d'adultes ouverts en 1862 ont reçu 1,812 élèves. Ces nombres donnent sur 1861 une augmentation de 37 cours et de 411 élèves.

IX. — SALLES D'ASILE, GARDERIES

ARRONDISSEMENTS	NOMBRE D'ASILES	NOMBRE D'ENFANTS
Nice	4	729
Puget-Théniers	»	»
Grasse	7	824
Totaux	11	1.553
En 1861	»	1.338
En plus	»	215

Rapport de 1865

Population des écoles en 1864.. 23,397 }
— en 1865.. 25,576 } 2,179 en plus.

TABLEAU COMPARATIF DES ÉCOLES PUBLIQUES ET LIBRES EN 1866-1867

Rapport de 1867

ANNÉES	ÉCOLES COMMUNALES Laïques		ÉCOLES COMMUNALES Congrégations		ÉCOLES LIBRES Laïques		ÉCOLES LIBRES Congrégations		PENSIONNATS	TOTAUX
	Garçons	Filles	Garçons	Filles	Garçons	Filles	Garçons	Filles		
1866	195	55	8	30	19	46	1	20	16	390
1867	196	59	8	31	21	53	1	21	16	406
Différence	+1	+4	»	+1	+2	+7	»	+1	»	+16

POPULATION COMPARÉE DES ÉCOLES PRIMAIRES EN 1866 ET 1867

ANNÉES	ÉCOLES COMMUNALES Laïques		ÉCOLES COMMUNALES Congrégations		ÉCOLES LIBRES Laïques		ÉCOLES LIBRES Congrégations		PENSIONNATS	TOTAUX
	Garçons	Filles	Garçons	Filles	Garçons	Filles	Garçons	Filles		
1867	8297	3063	2314	2855	746	1361	90	1361	362	20655
1866	8368	2850	2279	2789	651	1338	88	1338	380	20122
Diff^{ce}	—71	+213	+35	+64	+95	+23	+2	+23	—18	+533

ASILES ET GARDERIES

ANNÉES	ASILES COMMUNAUX		ASILES LIBRES		GARDERIES		TOTAUX	
	Nombre	Populat.	Nombre	Populat.	Nombre	Populat.	Nombre	Populat.
1866	12	1633	3	309	13	271	28	2213
1867	12	1857	4	299	14	299	30	2455
Différence	»	+224	+1	—10	+1	+28	+2	+242

COURS D'ADULTES

ANNÉES	COURS D'ADULTES (HOMMES)						COURS D'ADULTES (FEMMES)						TOTAUX	
	PUBLICS		LIBRES		TOTAL		PUBLICS		LIBRES		TOTAL			
	Nombre	Population	Nombre	Population	Nombre	Population	Nombre	Population	Nombre	Population	Nombre	Population	Nombre	Population
1866-1867	155	4.450	4	56	159	4.506	36	894	1	6	37	900	196	5.406
1867-1868	162	4.476	2	17	164	4.493	41	766	1	5	42	771	206	5.264
Différence	+7	+26	—2	—39	+5	—9	+5	—128	»	—1	+5	—129	+10	—142

RÉSUMÉ :

Ecoles primaires............... 20.293
Ecoles du soir................ 5.264
Asiles..................... 2.455

TOTAL.... 28.012
En 1866.................... 27.112

Différence en plus....... 900

En 1869 suivant un rapport au Conseil général on comptait dans les écoles 11,515 garçons et 10,276 filles, en tout 21,771 enfants des deux sexes.

2,968 enfants aux salles d'asile.

5,277 adultes aux classes du soir.

En tout 30,016 enfants et jeunes gens ayant participé en 1869 à l'enseignement primaire dans le département.

INSTRUCTION SECONDAIRE

Rapport de 1862

Avant l'annexion, le comté de Nice a trois colléges : Nice, Menton, Sospel.

Le collége national avait, le 31 mai 1860, 350 élèves. — Instruction bien réglée en apparence. Faible et incomplète en réalité. — Internat ne comptant guère que de 60 à 70 élèves. — Sous les Jésuites, en 1848, l'internat comptait 100 élèves. — Vers 1854, l'internat tombe à 15 élèves, puis à 6.

Elèves de latinité	Elèves internes
Collége national en 1860.... 124	60 ou 70
Lycée à sa fondation en 1860 157	168
— en 1861 217	160
— en 1862 247	228
En plus sur 1861............ 30	En plus sur 1861 6

CRÉATION D'UN COLLÉGE A MENTON

Rapport de 1863

Lycée de Nice : 1863.. 470 élèves } 98 élèves en plus
— :   1862.. 372 —

Le nombre des internes pensionnaires ou demi-pensionnaires est de 300, et en 1862 il était de 228 ; celui des externes de 170, et précédemment de 144. L'internat seul a progressé depuis l'annexion.

Le collège national comptait 55 internes seulement en 1860.

Le nombre des élèves de latin qui, en 1870 était de 124, s'est élevé dans l'année de 247 à 315, et celui des élèves de français de 125 à 155.

Provenance des élèves : 64 nés dans l'arrondisssement de Grasse ; 221 appartenant au comté de Nice ; 185 étrangers au département. — Dans cette dernière catégorie figurent seulement 15 élèves de la colonie étrangère proprement dite qui en avait fourni 25 en 1862.

PROGRESSION DE L'EFFECTIF DU LYCÉE

Rapport de 1867

En 1860. 31 décembre... 355 élèves
En 1861.   —   ... 374 —
En 1862.   —   ... 397 —
En 1863.   —   ... 459 —
En 1864.   —   ... 578 —
En 1865.   —   ... 570 —
En 1866.   —   ... 594 —
En 1867.   —   ... 585 —
En 1868.   Mars   ... 609 —

Ce dernier chiffre est le plus élevé qui ait été atteint. La moyenne générale pour 1866 était 561 ; elle est de 576 pour 1867.

Le Collége de Menton, ouvert en 1863, comptait, la première année, 27 élèves seulement. Ce chiffre atteignit progressivement celui de 70 à la fin de 1866. — Décadence rapide amenée par la maladie et la mort du principal. — A la rentrée de 1867, 35 élèves seulement. — Bientôt ce chiffre fut reporté à 45 (31 décembre), enfin à 52, etc.

Le Collége d'Antibes a un effectif de 60 élèves le 31 décembre 1867.

Le Collége de Grasse était en 1860 un établissement de plein exercice, assez important. Comptait alors 195 élèves, dont 68 internes.

Ce chiffre descendait en 1861 à 166 élèves.
    —   en 1863 à 138   —
    —   en 1865 à 125   —
    —   en 1866 à 122   —
        A la fin de 1867 à 95 dont 15 externes.

(Voir, pour les causes de cette décadence, le rapport de 1867.)

PAGE 103. — *C'est avec la France*.....

Ces relations intimes sont encore prouvées par la statistique suivante qui prouve que parmi nos hôtes d'hiver, l'élément français l'emporte de beaucoup sur l'élément italien :

STATISTIQUE DES FAMILLES QUI ONT HABITÉ NICE PENDANT L'HIVER

1,140 fam. en 1861 dont 270 fam. franç. et 28 fam. ital.
1,172 — 1862 361 — 34 —
1,395 — 1863 444 — 82 —
1,631 — 1864 558 — 62 —
1,590 — 1867 427 — 34 —
2,337 — 1870 785 — 101 —

PAGE 138. — *Le traité du 24 mars*.....

Voici le rapport de M. de Roca, au Sénat italien :

Messieurs,

Votre commission a fait un examen approfondi du traité présenté par le gouvernement du roi pour la réunion de la Savoie et de l'arrondissement de Nice à la France.

La commission s'associe aux sentiments de reconnaissance exprimés dans le rapport qui précède le projet de loi, mais elle arrive à la justification du traité par des considérations plus approfondies.

Elle n'a pas jugé le traité comme un fait isolé, mais comme faisant partie de la politique nationale. Le traité du 24 mars, en resserrant dans une intimité plus étroite, la France et l'Italie, au moment où les annexions réalisées faisaient courir peut-être quelques risques à cette alliance, ce traité *consacre le passé, rassure le présent et prépare l'avenir*.

Les conditions de l'Europe, les intérêts et les rapports, multipliés par leur nombre et leur fréquence, *rendent plus que jamais difficile à toute nation d'exister et de progresser isolément*. Cette difficulté devient presque une impossibilité, quand il s'agit d'accomplir une grande entreprise et d'arriver à faire admettre des résultats, obtenus par elle, dans le droit public européen. L'Italie donc, pour accomplir la tâche qui lui a été assignée par la Providence, a besoin d'alliances sincères, intimes et surtout actives.

Une alliance, c'est un échange de bons offices et de sacrifices réciproques, quand l'occasion le demande. La France l'a prouvé, en accourant à notre secours quand l'Autriche envahissait notre territoire; ses braves soldats ont versé leur sang sur le Tessin et sur le Mincio; et les armées alliées, de victoire en victoire, ont délivré la Lombardie et accompli son annexion aux anciennes provinces de l'Etat. La France s'est montrée encore alliée généreusement en empêchant toute intervention étrangère dans l'Italie centrale, en assurant de cette façon la liberté d'action des populations de l'Emilie et de la Toscane, qui, par leur sagesse et leur persévérance, sont arrivées au résultat désiré.

Enfin, quels qu'aient été ses premiers conseils sur l'organisation future de l'Italie, la France a reconnu le nouveau royaume tel qu'il se trouve constitué.

Aujourd'hui, le gouvernement du Roi nous demande, pour ce qui nous concerne, de ne pas nous opposer à ce que la Savoie et l'arrondissement de Nice soient annexés à la France, avec le consentement des populations.

Sans doute, c'est un sacrifice pénible et douloureux de se séparer de ces nobles provinces.

Nice, bien que séparée de l'Italie et appartenant à la Provence par sa position géographique, par sa langue et par ses anciens souvenirs, avait de commun avec nous presque cinq siècles d'histoire. Déjà, dans ce pays, l'esprit italien *commençait* à prendre racine.

La Savoie, plus séparée encore de l'Italie, a été le berceau de nos rois, la terre classique de l'honneur, de la fidélité et de la vaillance guerrière.

Toutefois, en observant bien la nature des lieux et le caractère des populations, on ne peut affirmer que le traité du 24 mars *ait touché au principe de la nationalité italienne*. Telle a été, Messieurs, *la conviction unanime* de votre commission. Comme sans cela elle n'aurait jamais donné son adhésion à ce traité, ainsi elle en tire un argument irréfutable, pour l'intégrité future du territoire national.

Sans accepter l'autorité du suffrage universel comme principe absolu, nous devons pourtant reconnaître que c'est un grand progrès dans le droit public européen d'être arrivé à ne pouvoir disposer des populations sans leur consentement. Le vote universel, employé déjà dans l'Italie centrale, comme confirmation des délibérations des Assemblées, pourra peut-être, dans l'avenir, recevoir des nouvelles applications. Nous ne pouvions donc le récuser à l'égard de la Savoie et de Nice.

Il ne faut pas oublier enfin que de ces faits résulte un argument nouveau et efficace pour que les droits sanctionnés par le traité de 1815 ne puissent être invoqués au détriment de l'Italie.

En passant aux conditions particulières du traité, votre commission aurait désiré que le gouvernement indiquât avec précision la nouvelle frontière avec la France et le royaume sarde ; les difficultés inséparables de cette opération, et la nécessité de tirer Nice et la Savoie d'un état incertain et précaire et nuisible à leurs intérêts, l'ont engagée à ne pas insister sur ce point.

Toutefois, nous avons pris acte des déclarations faites dans le rapport qui précède le projet de loi et nous avons insisté, en outre, vivement pour que le ministre fasse tous ses efforts, afin de conserver à l'Italie tous les points qui tiennent à nous de plus près et qui ont une importance majeure pour la défense.

. . . .

Sans entrer dans de plus minutieuses considérations sur ce sujet délicat, la commission vous propose, à l'unanimité, l'adoption pure et simple du projet de loi, et exprime les vœux les plus ardents pour la prospérité future des nobles provinces qui, durant tant de siècles s'associèrent à notre sort, et qui ont payé un si long tribut à notre cause ; qu'elles sachent que les sentiments exprimés au Parlement par le prince généreux qui nous gouverne sont gravés dans le cœur de tous.

PAGE 171. — *Les noms de la plupart des habitants sont des noms provençaux.....*

On retrouve sur l'autre rive du Var les noms communs à Nice et sur tout son territoire et qui sont indigènes, tels que : Bermond — Beu — Bottau — Caravel — Cauvin — Cornillon — Donadey — Faraud — Gioffret — Giordan — Gras — Jiaume — Lambert — Laurent — Martin — Meiffret — Mireu — Passeron — Pin — Ravel — Revelat —

Rondelly — Rostan — Roux — Verany. Ce sont tous noms de racine française; il en est de même pour leurs dérivés, quelles que soient leurs terminaisons.

Les noms à terminaison italienne appartiennent soit à des familles niçoises qui ont ajouté l'I comme Bergondi — Cauvini — Feraudi — Laurenti — Martini — Rostagni; — ou l'O comme Gioffredo — Giordano.

Les autres à même terminaison appartiennent à des familles piémontaises établies à Nice depuis un certain temps.

———

Une fois pour toutes, disons quelques mots de la Provence et des provençaux, puisque ces noms ont été prononcés si souvent dans cette étude.

Le gouvernement Sarde a, dans un but politique, cherché à établir en l'esprit du Niçois une sorte de dédain pour la race provençale qui est la même que celle de ce pays, ainsi que, nous l'avons démontré — les Provençaux ont été représentés comme des envahisseurs ignorants, grossiers et cupides — et pourtant cette province, qui s'étend depuis les Alpes jusqu'à Avignon, et qui est une des plus industrieuses et des plus riches de la France, a donné en tout temps au pays des hommes qui ont aidé à sa gloire, dans les arts, les lettres, le droit et la politique. Elle a produit, Portalis, Mirabeau, Mery, Barthelemy, Berryer,

Thiers et tant d'autres savants profonds et spirituels. C'est en Provence, au temps des Troubadours et des Trouvères, qu'est née la langue qui se parle à Nice aujourd'hui et c'est cette province — qui est la continuation du territoire de Nice — sur laquelle on voudrait jeter le ridicule !

Certes, s'il devait y avoir des plaintes sur le nouvel état des choses, elles devraient venir de l'arrondissement de Grasse, un peu oublié, par rapport à Nice pendant ces dix dernières années, — de l'arrondissement de Grasse, qui, par son annexion à l'arrondissement de Nice, a vu son commerce d'huile moins florissant et les capitaux affluer ici, au détriment de Cannes et d'Antibes.

Et pourtant, l'arrondissement de Grasse n'a rien dit, et s'est résigné à l'annexion avec son patriotisme habituel.

STATISTIQUE JUDICIAIRE

I. — JURIDICTION CRIMINELLE

Année 1865

	CONDAMNÉS	
	Français	Italiens
Attentat aux mœurs	2	»
Abus de confiance	5	3
Chasse sans permis	53	2
— en temps prohibé	20	2
Coups et blessures volontaires	100	28
— involontaires	2	»
Contravention à un arrêté d'expulsion	»	8
Dénonciation calomnieuse	1	»
Détention de poids inexacts	»	1
Dévastation de plantes	3	»
Coloration de monnaie étrangère	»	2
Débits de boissons sans autorisation	2	4
Escroquerie ou tentative	1	4
Mendicité	28	12
Outrages envers des agents ou fonctionnaires	25	2
Adultère	1	»
Complicité d'adultère	1	»
Menaces verbales de mort	2	»
Outrage public à la pudeur	7	1
Vol ou tentative	69	31
Complicité de vol par recel	6	»
— par aide ou assistance	»	1
Rébellion	15	12
Vagabondage	17	4
Port d'arme prohibée	3	1
Immixtion service des postes	1	»
Exercice illégal de la médecine	»	1
Usage d'un timbre-poste oblitéré	3	»
Mutilation d'arbres	1	»
Déplacement ou suppression de bornes	1	»
Incendie par imprudence de propriétés d'autrui	2	»
A reporter	371	119

Report.....	371	119
Délits divers................	6	»
Falsification de substances alimentaires.	3	1
Rupture de ban..............	7	»
Vol de récoltes...............	8	»
TOTAL.........	395	120

Il y aurait plus d'une observation à faire sur la nature des crimes et délits qui ont amené ces condamnations ; la seule considération qu'il importe de faire ressortir ici, c'est la proportion des condamnations comparées au chiffre de la population par nationalités — Cette proportion est d'environ 1 % pour la nationalité française et de 3 % pour la nationalité italienne.

II. — JURIDICTION COMMERCIALE

ANNÉE	NOMBRE de jugements rendus	NOMBRE d'affaires inscrites
1856	135	»
1857	311	»
1858	266	»
1859	309	»
1860	219	»
1861	535	835
1862	562	967
1863	656	1.159
1864	1.138	1.523
1865	1.280	1.924
1866	1.652	2.207
1867	1.508	2.119
1868	1.662	2.209
1869	1.653	2.588
1870	1.489	2.161

Nice. — Typographie V.-Eugène GAUTHIER et Cⁱᵉ, descente de la Caserne, 1.

NOTES COMPLÉMENTAIRES

Le nombre des familles étrangères séjournant à Nice l'hiver avant le retour à la France était :

En 1858 de............. 915
En 1859 de............. 986
Et en 1860 de........ 946

Suivant la note de la page 205, le nombre des étrangers qui passent l'hiver à Nice était, pendant la saison de 1869 à 1870, de 2,337 personnes.

RELEVÉ DES INSCRIPTIONS HYPOTHÉCAIRES

ANNÉES	CHIFFRE D'INSCRIPTION	TOTAL des TROIS ANNÉES	DIFFÉRENCE
RÉGIME ITALIEN			
1857	3211		
1858	3320	9279	287, en plus pour la période italienne, compris les territoires de Brigue et Tende, mais non compris Menton et Roquebrune, qui figurent dans le relevé des inscriptions prises sous le régime français.
1859	2748		
RÉGIME FRANÇAIS			
1867	2688		
1868	3547	8992	
1869	2757		

Nota. — Il est à remarquer que, dans le chiffre d'inscriptions prises sous le régime sarde, celui des inscriptions d'hypothèques légales requises est en plus grand nombre que sous le régime français. Mais le relevé s'appliquant à la période française ne comprend pas Brigue et Tende, et comprend Menton et Roquebrune, ainsi qu'il est indiqué ci-dessus.

Si à ces observations on joint celle relative au déploiement considérable des affaires immobilières à Nice et l'augmentation de plus d'un tiers de la population, on est étonné du chiffre réduit des inscriptions depuis le retour à la France.

Ce résultat est dû en grande partie aux versements de capitaux par le chemin de fer, la Compagnie Poncet, la Compagnie des eaux, les acquéreurs étrangers d'immeubles à Nice, parmi lesquels figurent des Français pour quatre-cinquièmes, versements qui ont amené la prospérité en diminuant la dette hypothécaire.

TABLE DES MATIÈRES

	pages :	
PRÉFACE		2bis
CHAPITRE Ier. — Examen général de la Question		5
— IIe. — La Frontière réelle, les Mœurs et la Langue		19
— IIIe. — Histoire du pays		32
— IVe. — Historique de l'Annexion		49
— Ve. — Nice Française		64
— VIe. — Nice Italienne		81
— VIIe. — Nice Indépendante		105
— VIIIe. — Le point de vue diplomatique		129
— IXe. — Topographie Brigue et Tende		145
— Xe. — Tactique des Séparatistes		163
— XIe. — Les Administrateurs depuis dix ans		181
— XIIe. — Résumé		189

PIÈCES JUSTIFICATIVES COMPRENANT :

1º Circulaire de Mgr Sola..................pages : 215
2º Délibération du Comité central d'annexion............. 217
3º Adresses des Notaires, Agents de change, Cercle des Arts, Médecins, Ouvriers, Pêcheurs, des communes de Breil, Ariane, Aspremont, Auvare, Berre, Bonson, Brigue, Châteauneuf, Coaraze, Contes, Drap, L'Escarène, Guillaume, Levens, Menton, Moulinet, Puget-Théniers, Roure, La Siga, Saint-Etienne, Sospel, Tende, Tourrette, Trinité-Victor, Utelle et Villefranche 219
4º Vote des communes.................. 236
5º Séance du Parlement Piémontais.................. 241
6º Acquiescement au traité, par l'Angleterre et la Russie... 243
7º Discours des autorités.................. 249
8º Tableau comparatif des voies de communication......... 250
9º État des recettes et dépenses pour les territoires de Nice et de Puget-Théniers.................. 251
10º Recensement de la population.................. 253
11º Tableau de l'augmentation des salaires.............. 254
12º État comparatif de l'instruction publique............ 255
13º Statistique relative au séjour des étrangers à Nice..... 265
14º Rapport de M. de Rocca au Sénat Italien............. 265
15º Observations sur les noms des habitants. — La Provence et les Provençaux.................. 269
16º Statistique judiciaire.................. 271
17º Statistique des affaires commerciales.................. 272
18º Notes complémentaires sur les étrangers et la dette hypothécaire.................. 273

www.ingramcontent.com/pod-product-compliance
Lightning Source LLC
Chambersburg PA
CBHW060127190426
43200CB00038B/1066